철학은
빵을 굽지 않는다

삶의 꿈과 희망을
심어주는
의미 있는 이야기들

홍승식 에세이

철학은
빵을 굽지 않는다

살아 있는 동안
한 번쯤 생각해 봐야 할
인생의 소중한
이야기들

철학과 현실사

들어가는 글

봄볕에 파릇한 잎들이 고개를 내미는가 싶더니 어느새 뜨거운 태양을 맞으며 푸르디 푸르러졌다. 그리고 옷깃을 파고드는 한줄기 바람에 잎들이 우수수 내려앉는 것이 벌써 여름이 지나 가을이 코앞에 와 있음을 알리는가 싶다. 이제 가끔 나무 사이사이 주섬주섬 낙엽을 모으는 바쁜 손길을 목격하게 되니 겨울이 조급히 나오려는 듯 가을을 밀쳐내는 것 같다.

'탄생 → 성장 → 소멸 → 그리고 다시, 탄생'의 순환은 자연의 신비스러운 섭리를 보여줌이 아니고 무엇이겠는가! 그 앞에선 오직 숙연해질 뿐이다.

지난 55년간의 삶을 살아오면서 끊임없이 내게 문제가 되었고, 내 삶에 대한 물음의 한가운데 언제나 자리를 잡고 있었던 것은 좋은 직책으로의 출세, 애틋한 이성과의 만남, 행복한 결혼생활의 실현은 결코 아니었다. 돌아보면 언제나 신(神)의 존재에 대한 의심으로부터의 끊임없는 갈등과 방황이 내겐 문제였고, 이로부터 비롯되는 내 삶의 자세, 그리고 내가 지금 어떤 생활을 해나가고 있는가가 늘 문제였다. 그렇다고 내 인생을 파괴하거나 거부하려고 해본 적은 없었다. 어떤 경우 아주 드물게 그런 충동을 느꼈을지 모르나….

지금까지의 길을 걸어오면서 늘 함께하고 마주했던 '나'…. 그 '나'는 과연 잘 살아온 '나'였을까? '잘 살아왔다'는 의미는 과연 어떤 것일까? 나름대로는 열심히 노를 저어왔다고 생각했는데, 나침반도 보려고 했고, 밤바다의 캄캄한 어둠 속에서 등대를 찾으려고 노력도 해왔다고 생각했는데….

그런데 지금까지 살아오면서 돌아보면 부끄러움과 미안함만이 가득할 뿐이다. 그냥 눈앞에 보이는 '앞'의 것만을 수용하며 더욱 앞으로만 나아가려 했을 뿐 '옆'을 보려 하지 않았다. 옆의 모습이란 나 아닌 타인, 그리고 다른 사물들의 실체를 말함이다.

예를 들어, 지나가는 길에 쓰러져가는 나무를 보았을 때 그 나무를 세워 뿌리를 땅에 깊이 내릴 수 있도록 도와주었어야 했는데…, 내 '옆'의 더욱 많은 사람들에게 좀 더 적극적으로 다가가 '함께' 손을 잡고 앞으로 나아갈 수 있도록 용기를 북돋아주었어야 했는데…, 그래서 그 '배'가 과연 '잘 가고' 있는지 키를 잘 조종할 수 있어야 했는데…. 그래서인가 후회와 미련이 남고 또 아쉬움과 고마움만이 남을 뿐이다.

■ ■ ■

어느 때 가끔 누군가에게 삶의 이야기를 하고 싶을 적이 있다. 두런두런 둘러앉아 이런저런 진솔한 이야기들을. 지금껏 살아오면서 아직도 기억에 남아 있고, 또 감동으로 내게 다가왔던, 그래서 꼭 들려주고 싶다고 생각했던 진실의 이야기들을 말하고 싶은 것이다.

옛 어른들은 쪼가리로 모아두었던 색색의 천들을 이어 조각보로 만들어 사용해 왔다. 각기 다른 색깔의 조각들이 모인 까닭에 그것들은 한 조각 한 조각 나름대로의 독특한 모양과 아름다운 색을 발하며 전체를 이룬다.

그런 의미에서 책 속의 이야기들은 그동안 살아온 나 자신의 삶의 과정들 안에 담겨 있던 조각 조각의 체험들이 손질되고 짜여 하나의 전체를 이룬 '인생의 조각보'에 비유할 수 있다.

그것들은 내가 하는 이야기이기도 하지만 주위의 많은 사람들과의 관계 속에서 보고 듣고, 그리고 느낀 것들을 정리한 까닭에 그들의 이야기도 됨과 동시에 우리 모두의 이야기가 될 수도 있다.

책의 구성 소재는 20여 년에 걸쳐 학생들의 강의를 준비하면서, 또 성당에서 신자들과 단체를 위한 강론이나 피정을 준비하면서, 또 이웃과의 만남을 통해, 그 밖에 다양한 서적들이나 언론매체를 통해 긴 시간 동안 꾸준히 모아온 것들을 다듬어 정리해 놓은 것들이다.

■ ■ ■

이 책은 삶과 연관된, 그리고 삶 속에 녹아 있는 진실과 깊이를 표현하고자 하였고 삶의 따뜻함과 용기를 얻게 하기 위함을 목적으로 하였다. 요즘 출판 서적들의 경향에 입각한 어떤 인간관계 형성의 기술이나 경영 마인드의 기법, 또는 처세의 방법들 내지는 말을 잘하는 기법 등에 관한 책은 아님을 밝혀두고자 한다. 비즈니스를 잘해서 부를 축적하는 방법이라든지, 아니면 사업을 잘해서 부자가 되게 하는 목적의 서적도 아니다.

이 책을 읽는 데 무엇보다 부담이 없었으면 좋겠고, 동시에 마음이 편안해지고 또 따뜻한 감동이 전해졌으면 하는 바람이 간절하다. 그래서 삶의 목적과 방향을 다시금 성찰하게 해주는 그런 책이 될 수 있기를 오직 바라는 마음뿐이다. 나아가 삶의 든든한 격려가 되어주고 순간순간 삶의 곤경과 부딪힐 때 굳건한 버팀목이 되어줄 수 있는 그런 책이 될 수 있길 바란다.

· · ·

이 책은 계절의 변화를 몇 번 겪으면서 모습을 드러내게 되었다. 한편으로 모든 글들은 부족하면 부족한 대로, 또 넘치면 넘치는 대로 내가 살아온 삶의 자취들을 반영하기도 했을 것이다.

그럼에도 불구하고 나는 감히 책 속의 여러 가지 빛깔의 글들이 궁극적으로 '사랑'을 지향하고 있다고 말하고 싶다. 인간이란 사랑할 수밖에 없는 존재이고, 사랑해야만 하는 존재이며, 사랑 없인 살아갈 수 없는 존재인 까닭이다.

'사랑'이란 여러 다양한 모습들로 우리의 삶 속에서 표현된다. 그리고 그것은 삶의 실체 속에서 감정적 차원에만 머무르는 것을 넘어서서 이성적이며 의지적인 차원까지 함축한다.

그러므로 우리가 어디로 가는지 길을 잃었을 때, 불안과 두려움이 엄습할 때, 또 힘겨워 주저앉고 싶을 때 그 '사랑'은 우리에게 손이 되고, 빛이 되고, 그리고 어깨를 두드려주는 작은 '친구'가 되어줄 수 있었으면 한다. 물론 그 '사랑'의 실천은 결코 쉬운 길이 아닐 것이며, 때론 두렵거나 어려워 보이기도 하겠지만 결코 외면하거나 포기해서는 안 된다. 우리가 서로서로 손을 잡고 등을 두드려주며 '함께' 앞을 향해 나갈 수만 있다면 그 길은 한결 수월해질 수 있을 것이며 기쁨이 충만한 길을 걸어 나갈 수 있을 것이기 때문이다.

궁극적으로 삶을 살아나가는 데 있어 '잘' 살 수 있고 '잘' 사랑하는 데 조금이나마 도움이 될 수 있길 바라마지 않는다. 나아가 그런 까닭에 인생길의 의미 있는 '친구'가 될 수 있다면 더더욱 바랄 것이 없겠다.

언제나 고맙고 감사한 사람들이 있음을 밝힌다. 오랜 시간에 걸쳐 원고 교정과 타이핑에 고생과 인내를 마다 않고 헌신적인 정성과 아낌없는 노력을 다해 준 이채현, 조현주 님, 그리고 글의 내용과 어울리는 이미지의 그림들로 책을 아름답게 꾸며준 김선정 화가님께도 마음으로부터 깊은 고마움을 전하고자 한다.

양평 갈산공원에서, 홍승식

철학은 빵을 굽지 않는다

　정리하는 글들이 거의 완성되어 갈 무렵 글들을 집약할 수 있는 제목을 자연스럽게 생각하게 되었다. 이 같은 생각은 보편적 경향이기도 할 것이다.

　예를 들면 사업체의 경우 호감을 줄 수 있는 '상호'를 생각하게 되는 것처럼, 또 사람이 태어나게 되면 일생 그를 사랑스럽게 불러줄 수 있는 '이름'을 생각하게 되는 것처럼, 내게도 글을 대변해 줄 수 있는 제목이 필요하게 되었다. 이왕이면 품격이 있고 또 가볍지 않은 그런 '이름'을 원함은 당연한 일이리라.

　처음에는 쉽게 잡힐 듯 주변을 맴도는 제목들이 많았지만 선뜻 마음에 오지 않았다. 지인들에게 조언을 구하기도 했고, 또 만나는 사람마다 원고를 보여주며 제목을 부탁해 보기도 하였다.

　내가 강의를 맡고 있는 학생들에게서는 무려 백 개가 넘는 제목을 받기도 하였다. 내친 김에 참고적으로 몇 가지를 열거해 본다면, '서두르지 말고, 화내지 말고, 반말하지 말고', '당신은 충분히 자격이 있습니다', '삶의 모자이크', '조금 더 많이 생각하고, 조금 더 많이 사랑하면서', '삶의 의미와 희망을 심어주는 철학적 이야기들', '철학하는 신부의 시원한 세상, 따뜻한 인생' 등등…. 그러나 솔직히 '아! 이것이구나!' 하는 느낌이 오는 것은 없었다.

그렇게 고민에 고민이 거듭되었다.

∎ ∎ ∎

2009년 2학기 학부 3학년 현대철학 마지막 수업시간 — 이재혁 학생의 윌리엄 제임스(William James)의 실용주의에 대한 세미나 발표가 있었다. 나 역시 학생 자리에 앉아 그 발표를 귀 기울여 경청하였고 학생의 입장에서 발표자에게 질문을 던졌다.

"제임스에 관한 내용 중에 '철학은 빵을 굽지 않는다'라는 언급이 있었는데 이 말의 배경과 의도는 무엇인지 간략히 설명을 해주면 어떨까요?"

학생은 망설임 없이 툭 던지듯 대답했다.

"현대에 와서 철학이 돈벌이를 직접적으로 해주지는 못한다는 거죠."

그리고 이어서 몇 가지 설명을 덧붙였다.

"또 눈앞의 이익을 금방 만들어주는 그런 영향을 미치지는 못한다는 뜻입니다. 대신 멀리 내다볼 때, 철학은 논리적이며 합리적인 사고를 배양시켜 주는 힘이 될 수 있으며, 또 세상을 비춰주는 빛으로서 역할을 담당하고 있다는 암시로 그 문장을 풀이할 수 있습니다.

곧, 빵을 직접 굽는 일보다 빵의 의미는 무엇인지, 또 빵은 왜 구워야 하는지를 일깨워주는, 다시 말해 철학이 지니는 본연의 사명과 그의 고귀한 역할은 따로 존재한다고 하는 의미로 해석할 수 있습니다."

그가 쓴 세미나 논문을 다시 한 번 읽어나가면서 어떤 영감 같은 것이 싸– 하고 머리를 스쳐 지나갔다. 그리고 나도 모르게 설렘이 엄습했다.

"아! 이것을 제목으로 하면 어떨까?"

책의 제목은 위의 과정을 거쳐 그렇게 순식간에 내게로 들어왔다.

글의 내용 하나하나에는 철학적 색채와 논리가 다분히 녹아 있음도 분명한 까닭에, 또 사람들에게 생활의 방편보다도 삶의 희망과 의지가 되어주길 바라는 이유에서도 '철학은 빵을 굽지 않는다'를 제목으로 선택하게 되었다.

삶은 해답 없는 질문이지만 그래도 그 질문의 위엄성과 중요성을 믿기로 하자.
— 테네시 윌리엄스

차 례

3부 서두르지 말고, 화내지 말고, 반말하지 말고

4부 별을 바라다보는 눈으로

1부 소녀와 의대생

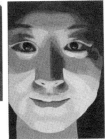

'용서'와 양치기 소년

오늘도 자의든 타의든 주변으로부터 받은 상처나 아픔 때문에 편안한 잠을 이루지 못하고 뒤척거리는 사람들이 수없이 많이 있을 것이다. 곧 그 상처와 아픔 때문에 고민하고 또 분노하기도 하면서 갈등의 시간을 갖고 있을 것이다.

사람은 무인도에서 혼자의 삶을 연명하지 않는 한, 인간관계 속에서 어쩔 수 없이 서로 부딪히고 서로에게 상처를 주거나 받으면서 살아갈 수밖에 없다. 결국 이런 마음의 상처나 고통은 어느 날 갑자기 무슨 우박이나 소나기처럼 오는 것이 아니고 사실은 함께 지내며 자주 알고 만나는 사람들로부터 오게 된다.

얼마 전 한 대학신문에 게재된 서울대 윤리학과 박효종 교수가 쓴 「'용서학'을 개설하자」는 제목의 글은 순간적으로 시선을 끌기에 충분하였다.

요즘 신종 학문의 추세를 살펴본다면 여성학을 비롯해 성공학, 실패학, 부자학, 느림의 학, 죽음의 학 등이 다양하고 복잡한 시대 배경에 발맞춰 등장하고 있는 마당에 '용서학'도 개설해 보면 어떻겠느냐는 제안의 칼럼이었다. 다시 말해 "'용서학을 통해' 우리가 매일매일 살아가면서 받는 마음의 상처와 고통, 그리고 응어리를 풀 수 있는 방법을 효과적으로 배울 수 있으면 참 좋을 것이다."라고 적고 있었다.

누구나의 생각일 터이지만 용서는 삶 속에서 필요하고 중요한 것이다. 박 교수가 주장하는바, 우리가 용서를 실천할 때 내 마음을 짓누르던 무거운 짐이 기적처럼 사라질 수 있다. 소설가 김홍신 씨도 얼마 전 텔레비전 프로그램인 '아침마당'에 나와 용서에 대해 언급하면서 "우리가 용서를 베풀 때 용서한 자신이 자유로워질 수 있다."고 말한 바 있다.

용서란 이것저것을 세밀히 따져 내가 쥐고 있는 '내 몫'을 꼭 되찾아야 하겠다는 마음으로부터 자유로워질 때만이 가능하다. 즉 내가 받은 손해의 부분에 대하여 더 이상 연연하지 않고 또 수학적으로 계산하지 않으며 그리고 그런 것들로부터 훌훌 벗어날 수 있을 때 가능한 것이다.

■ ■ ■

용서와 관련지어 '양치기 소년'의 일화를 또 다른 시각에서 고찰해 본다면 우리는 그 안에서 의미 있는 교훈을 발견해 낼 수 있다.

예를 들어 유대인들의 전통사회 속에서 당시 백성을 교육시키고 이끌어갔던 스승(랍비)들의 가르침 중 용서는 세 번까지 해주어야 한다는 것이 일반적 통용이었다. 또한 우리 한국사회의 전통 안에서도 옳고 그름을 정확히 밝히기 위하여 '삼세번'의 허락은 일반적 관행이었다.

예컨대 양치기 소년의 경우 세 번씩이나 거짓말을 하여 마을 사람에게 피해를 주었고, 마지막 네 번째 "늑대가 왔어요!" 하고 외쳤을 때 결국 사람들은 세 번이란 숫자에 얽매어 그를 외면하고 말았다. 만약 양치기 소년이 거짓말한 것을 한 번만 더, 딱 한 번만 더…, 용서하고 그의 말을 들어주었더라면 그 소년은 세상에 단 하나뿐인 소중한 생명을 보존할 수 있었을 것이다.

이 세상에 일생 동안 거짓말하지 않고 살아가는 사람이 과연 몇이나 될까…. 우리는 양치기 소년의 일화를 생각할 때 여러 시각 안에서 고찰해 볼 수 있다. 예컨대, 마을 사람들은 모두가 다 진실한 사람들이었을까? 또 그 양치기 소년은 전에도 거짓말을 그렇게 잘하는 아이였을까? 만약 양치기 소년이 그전에도 거짓말을 일삼는 아이였다면 마을 사람들은 처음부터 그의 말을 신뢰하지 않았을 것이다.

한편 여기에서 우리가 얻는 교훈은 당연히 '거짓말을 해서는 안 된다'는 대전제를 생각해 볼 수 있겠지만, 이면에 있어 '마땅히 우리는 진실에는 언제나 귀 기울여 응답할 수 있어야 한다'는 사실도 간과해서는 아니 된다.

성서에 보면 사도 베드로가 아주 자랑스럽게 예수님께 질문을 드린다. 그 질문 안에 이미 답이 들어 있다고 생각하면서….

"예수님! 우리한테 잘못한 사람을 용서할 때 일곱 번이면 되겠지요?"

이 말의 의도는 당시 유대 스승들이 보편적으로 용서하라고 가르쳤던 '세 번 용서'의 규정을 두 배 이상 뛰어넘는 것이었다. 그러나 이에 대한 예수님의 용서에 대한 답변은 상상을 초월하는 것이었다. 어떻게 보면 인간으로서는 실천할 수 없을 것 같은 그런 답변을 주었던 것이다.

"일곱 번씩 일흔 번이라도 용서하여라!"

여기에서 숫자로 응답한 예수님의 답변은 이미 숫자의 개념을 벗어난 뜻으로 알아들어야 한다. 왜냐하면 '일곱 번씩 일흔 번'의 용서란 우리가 기억할 수도, 또 그렇게 용서할 수도 없는 엄청난 숫자일 뿐 아니라 이미 더 이상 계산 가능한 숫자의 뜻으로 알아들어서도 안 되기 때문이다. 교과서적인 이야기일지 모르나 예수님의 답변은 '무한한 용서'를 뜻하는 것이었고 세상의 삶 안에서 모든 것을 '사랑의 실천'으로 해결하라는 의미의 가르침이었다. 결과적으로 부정이 부정을 낳고, 악이 악을 초래하는, 또 보복이 보복을 야기하는 그런 방법이 아니라 사랑이 사랑을 낳고, 기쁨이 기쁨을 낳으며, 평화가 평화를 낳는 그런 절대적 사랑의 가르침을 실천하라는 것이었다.

여하간 용서의 실천이란 결코 쉬운 것이 아니나 인간관계의 삶 속에서 수없이 직면하게 되는 필수적 문제 중 하나인 것만은 틀림없다. 또 용서란 지속적인 것이 되어야 하며, 어떻게 보면 죽는 그 순간까지 무한히 반복해서 실천되어야만 하는 덕목이다.

26년 전 파리외방선교회 2층 주교님 방에서 당시 수원교구장이셨던 김남수 주교님께서 정 신부님께 하신 말씀은 아직도 생생히 기억난다.

"정 신부님! 주교가 잘못한 것이 있으면 모두 용서해 줘요. 나도 정 신부님 잘못한 것 있으면 모두 용서할게요!"

그러고 나서 창문 너머 정원을 바라다보시며 담배를 한 대 피워 무셨다. 그리고 한 말씀을 더하셨다.

"인생이란 것이 이렇게 짧고 허무한 것을…."

■ ■ ■

'용서학'을 개설하자고 주장했던 박효종 교수의 설명인즉, 용서가 삶 안에서 그토록 중요하고 필요한 것이라면 어디에선가 누군가는 용서를 가르치고, 또 누군가는 용서를 배워야 할 것이다.

이에 대한 교육을 정규 교육과정에서 강좌 개설을 한다고 하면 필자는 솔직히 반대할 이유가 없다. 한 걸음 더 나아가 용서와 연관된 정직함, 진솔함, 솔선수범, 그 밖에 양보와 포용, 그리고 인내와 친절함도 함께 배우고 가르친다면 더욱 바람직할 것이다. 예를 들어 용서하고 싶어도, 또 솔선수범하거나 양보하고 싶어도 그 방법이나 처신을 잘 모를 때가 너무나도 많기 때문이다.

누군가 '용서란 마치 인생의 깨달음을 가두고 있는 알껍질을 깨는 것과 같은 것'이라고 비유하기도 하였다. 용서를 진심으로 실천할 때 그 사람은 '알껍질에서 깨어난 것'과 같은 한 단계 다른 차원으로 승화될 수 있고 또 한층 더 고양된 삶을 가꾸어갈 수 있기 때문이다.

“세상에서 가장 어려운 일이 뭔지 아니?”
“흠… 글쎄요, 돈 버는 일? 밥 먹는 일?”
“세상에서 가장 어려운 일은 사람이 사람의 마음을 얻는 일이란다.”

— 생텍쥐페리의 『어린 왕자』 중에서

엄마와 장영희 교수

엄마.

'엄마'란 우리 각자의 전 생애에 있어 크나큰 의미를 지니는 존재임이 틀림없다. 푸근한 두 팔로 우리를 감싸 안아 세상 근심 걱정을 녹여주시던…, 넓은 등으로 우리를 업어 아픔을 잠재워 주시던…, 그리고 한없는 낙담으로 하얀 밤을 지새울 때 든든한 그 뿌리로 우리를 꽉 매어주시던 끝없이 깊고, 넓고, 참으로 강인한 그 이름은 바로 '엄마'일 것이다.

"엄마 미안해. 이렇게 엄마를 먼저 떠나게 돼서. 내가 먼저 가 아버지를 찾아서 기다리고 있을게. 엄마 딸로 태어나서 지지리 속도 썩였는데, 그래도 난 엄마 딸이라서 참 좋았어. 엄마, 엄마는 이 아름다운 세상 더 보고 오래오래 더 기다리면서 나중에 다시 만나."

위의 글은 2009년 5월 9일 12시 50분경 서강대학교 영문학과 교수

장영희 씨가 숨을 거두기 직전 병상에서 엄마에게 남긴 마지막 편지의 내용이다.

가슴 저린 글을 남긴 그녀는 저 하늘에서 한없이 엄마를 그리워하며 엄마를 위해 기도할 것이다. 장 교수는 의식이 없는 상태에서도 어머니가 몸을 주물러주자 가느다란 목소리로 '엄마'를 불렀다고 한다. 또 죽음 직전 그녀의 입에서 흘러나온 마지막 말도 '엄마'였다. 그의 삶의 원천에는 의식적이든 무의식적이든 어머니의 지고한 사랑이 자리하고 있었음이 틀림없다.

어머니는 어릴 적(한 살 때) 소아마비에 걸려 두 다리가 크게 불편했던 장 교수를 초등학교 3학년 때까지 업어서 등하교를 시켰다. 육체적, 물리적 도움뿐만 아니라 그의 영혼에까지 영향을 미친 어머니의 숭고한 사랑은 그의 삶의 곳곳에 녹아 그에게 용기와 희망, 그리고 불굴의 의지를 심어주었다.

이런 어머니의 덕택으로 훗날 장 교수는 암환자와 장애우의 희망이 되고 또 지난 시련의 시기를 회고하며 "희망의 힘이 생명을 연장시킬 수 있듯이 분명 희망은 운명도 뒤바꿀 수 있을 만큼 위대한 힘"이라고 자신 있게 말할 수 있었다.

그러므로 그녀는 강의실에서 제자들에게, 또 매스컴과 글을 통해 사람들에게 무엇보다 자신의 체험으로부터 우러나오는 삶의 진실과 아름다움을 이야기할 수 있었고, 하루하루 일상의 삶에 충실함으로써 우리 시대의 희망의 빛을 밝혀줄 수 있었다. 그의 저서 『살아온 기적, 살아갈 기적』속에서는 어머니에 대한 회상을 다음과 같이 적고 있다.

"운명이 뒤통수를 쳐서 살을 다 깎아 먹고 뼈만 남는다 해도 울지 마

라. 기본만 있으면 다시 일어날 수 있다. … 그것이 삶에 대한 의연함과
용기, 당당함과 인내의 힘이자 바로 희망의 힘이다. 그것이 바로 이제껏
질곡의 삶을 꿋꿋하고 아름답게 살아오신 어머니의 힘인 것이다."

그늘에서 그녀와 함께한, 그녀의 삶의 바탕이 되고 원동력이 되었던
그 어머니의 인고의 세월이야 더 이야기해 무엇하랴!

우리에게 주시기만 하려는 사랑이었기에 그런 '엄마'에게도 힘겨울
때가 있었을 것이고, 외로운 순간들이 있었을 것이다. 그리고 하염없이
텅 비고 슬퍼 남모르게 눈물 나던 때도 많았을 것이다. 그런 '엄마'에게
도 누군가에게 기댈 등이 필요하리라. 우린 그런 점들을 그냥 지나쳐서
는 아니 된다. 다시 말해 우리가 그 '등'이 되어줄 수 있어야 한다. 그것
이 작거나 또는 충분하지 않아도…, 또 부족하면 부족한 대로 등을 내
밀어 엄마가 지고 가던 사랑의 짐꾸러미를 힘껏 함께 지고 가야만 하지
않을지…. 진흙투성이의 길이라 할지라도 땅바닥을 헤집고서라도….
'엄마'가 우리에게 그렇게 해주었던 것처럼….

신은 모든 곳에 가 있을 수 없기 때문에 어머니를 만들었다.

— 유대 격언

당신은 충분히 자격이 있습니다

스튜어디스의 안내를 받아 비행기 머리 부분의 문을 통해 왼쪽 통로를 지나오면서 '31E' 자리를 찾아 나갔다. 누군가가 그 자리에 앉아 있었다. 다시 내 티켓을 보고 20 후반 번호부터 30 초반 번호까지 천천히 확인해 보았지만 분명 내 자리엔 누군가가 앉아 있었다. 30대 후반쯤 된 듯한 백인 부부와 그 사이 '31E' 좌석에는 3-4살쯤 된 것 같은 어린아이가 앉아 있었다.

짧은 사이 난 잠시 망설였다. 어떻게 할까? 내 자리라고 말하고 자리를 찾아야 할까? 아니면…, 그러다가 정신없이 떠들며 장난을 치던 그 어린아이와 눈이 마주쳤다. 그는 동그란 눈망울과 커다란 까만 눈동자를 갖고 있었다. 마주치던 그 순간 하얀 이를 드러내며 방긋 웃어 보였다.

난 통로 한쪽에 기대서서 스튜어디스를 기다렸다. 마침 지나가던 남자 승무원과 마주쳤다. 어깨 계급장을 보니 다른 승무원보다 지위가 좀 높은 것 같았다. 난 그에게 이렇게 설명했다.

"내 자리가 '31E'인데 꼬마가 앉아 있거든요. 가족인가 본데… 떼어 놓고 싶지 않으니 자리가 된다면 어디라도 좋으니 다른 자리를 마련해 주시면 어떨지…."

분위기를 한번 둘러본 그 승무원은 '그러겠노라' 대답하고 비행기 뒷부분 근처에 한 자리를 마련해 주었다. 캐비닛에 짐을 올려놓고 자리에 앉아 안정을 찾을 즈음 한 무더기의 그룹이 출발 직전 쏟아져 들어오더니 앞으로부터 자리를 하나하나 채워나갔다. 그리고 남은 몇 명이 내 자리 앞에 우뚝 섰다. 그리고 그 중 한 사람이 지체 없이 말했다.

"여기 내 자리인 것 같은데…, 확인 좀 해주시겠습니까?"

"그렇습니까? 잠깐만!"

난 아까 그 남자 승무원을 다시 불렀다. 그리고 어떻게 된 일인지를 물었다. 잠깐 기다리라고 말한 그는 사정을 다시 정확히 알아보겠노라고 하며 서둘러 위로 올라갔다. 잠시 후 나타난 그는 단도직입적으로 얘기했다.

"괜찮으시다면 앞의 비즈니스석으로 옮기시죠."

승무원의 말을 처음부터 귀 기울여 듣지 않았던 까닭에 그저 또 자리를 옮기라는 말만 귀에 들려왔다. '오늘 일진이 왜 이리 꼬이지…' 하고 생각하며 '애당초 처음 내 자리에 앉을걸…' 하는 생각이 스쳐 지나갔다. 그랬더라면 이런 번거로움 없이 별탈도 없었을걸…. 일말의 후회도 전혀 없었던 것은 아니었다.

그러나 이제 어쩌겠는가, 옮기라면 또 옮길 수밖에…, 아니 그런데 그는 나를 이끌고 앞으로 나가더니 커튼을 제치고 맨 앞 비즈니스석으로 가는 것이 아닌가. 그때서야 아까 그가 한 말을 다시 더듬어 떠올려보

앉다. '아! 그때, 비즈니스석으로 가자고 말했던 거였구나!'

비즈니스석에 도착해 그가 지정해 준 자리에 앉아 우선 벨트를 맨 다음 주위를 둘러보니 제일 먼저 의자의 갯수가 눈에 들어왔다. 자리는 열 개 남짓, 많아야 열다섯 개 정도로 의자와 의자 사이의 간격은 매우 널찍널찍했고 좌석도 매우 컸다. 무엇보다 사람들의 차림새가 이코노믹석의 사람들과는 전혀 달랐다. 확연한 차이가 금방 눈에 들어왔다. 입은 옷은 명품임이 분명했고, 목걸이와 보석으로 치장한 장식품 등도 확 눈에 띄었다. 그런 것들이 눈에 들어오니 보이지 않는 위압감마저 느껴졌다.

우선 눈을 감고 휴식이나 좀 취해 볼까나…, 이런 젠장! 의자를 뒤로 젖힐 수가 없었다. 무슨 조정 버튼이 그렇게 많은지…, 좌석 왼편 팔걸이에는 다리, 머리, 어깨 등 부분부분으로 위치를 바꿀 수 있는 버튼이 열 개는 넘는 것 같았다. '뭐 생전 이런 비즈니스석을 타봤어야 말이지…, 좌석 하나 맘대로 움직이기 힘들구먼!' 한참 궁리한 끝에 가까스로 좌석을 지면과 평행으로 만들고 나니 거의 침대나 다름없었다. 자리에 누우며 한마디 투덜거렸다. '그저 송충이는 솔잎을 먹고 살아야지!'

그런 중에 간식이 나왔다. 다시 좌석을 정상으로 되돌리는 데도 한참 또 버둥거렸다. 음식을 들고 서 있는 스튜어디스 앞에서 무안하기까지 했다. 속으로 또 생각했다. '거 좀 쉽게 만들 수 없나? 그냥 이코노믹석으로 가버릴까? 이거 원 불편해서…' 비즈니스석을 타본 적이 없어 매사에 당황했고 어색했다.

비즈니스석에서 제공하는 음식은 금테를 두른 접시에 담겨 있었고 일회용이 아닌 정식의 나이프와 포크, 곱게 접혀 있는 냅킨도 함께 갖추어져 있었다. 그냥 손으로 집어 먹으면 되지 무슨 나이프와 포크? 여태 까지 이코노믹석에서는 이렇게 단아하고 품위 있게 음식을 받아본 적 이 한 번도 없었다.

음식은 여러 가지 해물을 갈아서 만든 튀김 종류였는데 입에서 살살 녹았다. 무슨 용기가 났는지 하나 더 먹을 수 없느냐고 했더니 흔쾌히 하나를 더 갖다 주었다. 그러면서 또 필요한 것이 있으면 지체 없이 말 하라고 하였다. 스튜어디스의 그런 친절함은 당황하고 어색했던 마음 을 많이 누그러뜨려 주었다. 기분도 한층 가벼워졌다. 이젠 정말 눈 좀 붙여야겠다 싶었다. 마침 그때 나를 이리로 안내했던 승무원이 일부러 나를 찾아왔다. 첫마디가

"뭐 불편한 것이 없으신지요?"

였다. 난 없다고 대답했고 언뜻 취침을 위해 우선 담요 한 장이 필요하 다고 말했다. 그는 서둘러 담요를 가져오면서

"여기 담요는 이코노믹석과는 달리 좀 두껍고 커요."

라고 말하며 그도 이제 좀 여유가 생겼는지 이것저것을 물어왔다. 난 성의껏 대답했고 말이 나온 김에 비즈니스 좌석은 생소하여 불편하고 또 경험이 없어 익숙지 못한 까닭에 여러 어려움들이 있었던 것을 솔직 히 털어놓았다. 그리고 마지막에 한마디를 더 첨가하였다.

"난 비즈니스 좌석엔 잘 안 맞나 봐요. 내 수준은 이코노믹석이 딱 맞 아요!"

그러자 그는 고개를 강하게 흔들면서 정색을 하고 대답했다.

"아니, 아닙니다. 당신은 충분히 비즈니스를 탈 자격이 있습니다."

그는 다시 한 번 더 힘주어 말하며 몇 가지의 예를 직접 덧붙였다.

"당신은 그 누구보다 여기에 탈 자격이 있습니다! 조금 전 아기한테

기쁘게 자리를 양보한 것은 물론, 맨 끝자리로 쫓겨 갔어도 당신은 불평 한마디 하지 않았지요. 솔직히 기꺼운 마음으로 그렇게 행동한다는 것은 정말 쉬운 일이 아닙니다. 당신을 만나 참 좋은 인상을 받았습니다. 불편함이 혹시 있으면 저를 꼭 불러주세요!"

그가 한 말 중에 가장 또렷하고 정확하게 마음에 와 닿은 것은 "당신은 충분히 비즈니스를 탈 자격이 있습니다!"였다. 그 말은 내 마음을 뭉클하게 만들었고, 또 한편으로는 내 생활을 돌아보게도 만들었다. 또 어떤 의미에선 내게 자신감을 심어주는 말 같기도 했고 동시에 앞으로의 삶의 자세를 일깨워주고자 하는 책임감을 심어주는 말 같기도 하였다.

∎ ∎ ∎

1년 남짓 시간이 흐른 지금 그 승무원의 말을 내 자신에게 던져본다. 과연 '나는 충분히 ○○를 탈(할) 자격이 있는가?'라고….

돌아보건대 정말 그렇게 살지 못했다. 그런데 어떻게 그 한순간의 단면을 보고 내게 그런 말을 해줄 수 있었을까? 사실 난 앞으로도 그렇게 살 자신이 솔직히 없는데…, 늘 나를 먼저 생각하고 또 나를 위하는 마음이 커 거기에 합당한 자 되지 못했는데…. 아마 그 승무원의 말은 앞으로 그런 삶을 살라는 격려 내지는 당부의 말이 아니었을까? 정말 나는 그런 자격이 있는 사람일까? 그러면서도 그 승무원의 말은 내 마음 속에 너무나도 깊이 박혀 들어와 잊히지 않는 것이다.

눈을 조용히 감고 있자니 그가 한 말이 다시 떠오른다.

"당신은 충분히 비즈니스를 탈 자격이 있습니다!"

특별한 입사시험

아래의 일화는 일본의 한 기업에서 신입사원을 채용할 때 일어난 상황에 근거를 두고 있다. 이것은 회사의 면접시험의 방법에 관한 것인데 어떤 관점에서는 '파격적이다'라고 말할 수도 있고, 또는 '독특하다'라고도 말할 수 있겠다. 여하튼 그 면접은 상상을 뛰어넘는, 즉 기존의 형식을 파괴하는 획기적 사건임은 틀림이 없었다.[1]

■ ■ ■

한 일류대학 졸업생이 명문기업의 입사를 위한 면접시험을 치르게 되었다. 면접관들은 그 회사의 이사들로 구성되어 있었다. 이사 중 한 사

---

1 탄줘잉, 『살아 있는 동안 꼭 해야 할 49가지』(김명은 옮김, 고양: 위즈덤하우스, 2007) 중 「부모님 발 닦아드리기」를 발췌 · 정리하였음.

람인 그 회사의 사장이 지원자인 그 졸업생에게 마지막으로 상상 밖의 질문을 던졌다.

"살아오면서 아버님, 어머님을 목욕시켜 드리거나 씻겨드린 적이 있습니까?"

"없습니다."

솔직하게, 그렇지만 주눅 들지 않고 똑바로 대답하였다.

사장은 다시 지원자에게 질문을 하였다.

"그럼 부모님의 등을 긁어드린 적은 있습니까?"

지원자는 대답했다.

"어릴 적에 어머님 등을 긁어드리고 용돈을 받은 적은 있습니다."

지금까지 숨김없이 자신감에 넘쳤던 그 졸업생은 예상 밖의 질문들에 다소 불안해지며 조금 위축되는 듯했다. 초조함마저 느끼는 것 같았다.

면접이 모두 끝나고 일어서서 정중히 인사를 하려는 순간 사장이 느닷없이 말을 건넸다.

"그러니까 한 번도 부모님을 씻겨드린 적이 없다고 했던가요? 내일 다시 한 번 더 보도록 합시다. 단 여기에 다시 오기 전에 부모님을 꼭 닦아드리고 오셔야 합니다. 아셨지요?"

꼭 취업을 해야 했던 그 졸업생에게 뭔지 모를 희망의 빛이 비추는 듯했다. 청년은 힘차게 대답했다.

"네! 그렇게 하겠습니다."

사실 청년의 아버지는 청년이 아주 어릴 때 세상을 떠났다. 청년의 어머니는 닥치는 대로 막일을 해가며 독자인 아들의 뒷바라지에 최선을 다했다. 청년은 어머니의 기대에 부응하듯 우수한 성적으로 고등학교를 수석으로 졸업하였고 누구나가 선망하는 일본 최고의 명문 도쿄대학에 입학할 수 있었다. 여기에서 또한 최고의 성적으로 졸업하였다. 청년의 어머니는 지금 이 순간까지 당신이 감내한 힘들고 어려웠던 일에 대하여 단 한 번의 내색도 표현한 적이 없었다. 또 당신의 고충에 대하여도 단 한 번 입 밖으로 토로한 적이 없었다.

면접이 끝나고 청년이 집에 도착했을 때 어머니는 일터에서 아직 돌아오지 않은 상태였다. 이런저런 생각을 해보던 청년의 머릿속에 갑자기 다음과 같은 생각이 떠올랐다.

'엄마는 온종일 밖에서 일을 하셨으니 발이 제일 피곤하고 더러울 거야. 옳지! 발을 씻겨드려야겠다!'

어머니가 도착하자 청년은 느닷없이 어머니께 발을 닦아드리겠다고 말했다. 갑작스러운 이 말에 어머니는 당황하며 완강히 반대하였다. 할 수 없이 청년은 오늘 면접 때 일어난 일을 설명해 드렸고, 그때서야 어머니는 순순히 아들의 요구에 응했다.

이때 청년은 태어나서 처음으로 어머니의 발을 만져보았고 그리고 또 처음으로 어머니의 발을 정확하게 바라볼 수 있었다. 자신의 하얗고 고운 발과 어머니의 발은 너무나도 대조적이었다. 어머니의 발은 무슨 앙상한 뼈를 만지면 느껴지듯 뒤틀어져 있고 차디찬 돌과 같이 딱딱히 굳어 있었다. 손이 발뒤꿈치 쪽에 닿았을 때는 죄책감과 미안함이 극에 달해 숨을 참지도 못할 정도였다. 고개를 밑으로 떨어뜨리고 만 청년의 심장은 크게 뛰기 시작했고 더 이상 감당하지 못할 정도까지 이르렀다. 그리고 감정이 북받쳐 올라 청년은 무슨 말이든 하지 않으면 안 되었다.

"엄마, 저 때문에 고생 많이 하셨죠. 이제 고생시켜 드리지 않을게요. 오늘 면접시험을 보았는데 아주 유명한 회사거든요. 취직하면 앞으로 일하지 마시고 편히 쉬세요."

엄마가 대답했다.

"그런 소리 하지 마라. 내가 무슨 고생을 했다고 그러냐? 엄마는 지금 이대로가 좋다."

청년의 어깨는 들썩였고 그는 울음이 터지려는 것을 사력을 다해 참고 있었다. 그리고 간혹 새어 나오는 작은 흐느낌도 삼키고 있었다. 어머님의 손길이 한쪽 어깨 위로 느껴지자, 마침내 청년은 어머니의 발을 덥석 끌어안은 채 그간 참아왔던 울음을 한꺼번에 터트리며 소리 내어 엉엉 울고 말았다.

약속한 다음 날 청년은 다시 회사로 찾아가 사장을 만났다. 그리고 인사 겸 말문을 열었다.

"어머님께서 저 때문에 얼마나 고생을 하시는지 이제야 알았습니다. 사장님께서는 학교에서 배우지 못한 것을 가르쳐주셨습니다. 고맙습니다. 사장님이 아니었으면 평생 어머님의 발을 씻겨드릴 생각조차 하지 못했을 것이고, 또 그 노고 역시 깨닫지 못했을 것입니다. 앞으로 이 체험을 잊지 않을 것이고 어머님께 최선을 다해 효도를 할 것입니다."

사장은 미소를 지으며 짤막하게 한마디를 던졌다.

"이제 입사 수속을 밟도록 하게나!"

■ ■ ■

우리는 앞으로 살아가면서 수없이 위와 같은 시험의 경우를 만나게 될 것이다. 그 시험은 현실적으로는, 교육과정을 평가하거나 취직 등을 위한 가시적이며 제도적인 시험일 수 있고, 또 삶의 곳곳에 있어 눈에 보이진 않지만 순간순간 예측 없이 접하게 되는 '인생의 시험' 등이 있을 수 있다. 결과적으로, 우리는 삶 속에서 무수한 '입사시험'을 맞게 된다고 볼 수 있다. 그러므로 우리는 '삶의 과정 자체'가 이미 하나의 '시험'일 수 있다는 의식을 갖고 삶의 과정 자체 속에 녹아 있는 삶의 본질들에 충실해야 하며, 나아가 인간성과 인격의 형성을 위한 노력을 끊임없이 해나가야 한다.

　　우리의 삶의 미숙함을 바로잡아주고 인생을 뜻깊게 살아가도록 만드는 '시험'을 하나하나 잘 치러나갈 때 '값어치 있는 인생'이 펼쳐질 수 있을 것이기 때문이다. 혹시라도 우리는 눈에 보이는 시험에만 급급하지는 않았는지…, 순간순간 만나게 되는 보이지 않는 삶의 시험은 두 눈을 가리고 보려 하지 않을 때는 없었는지…, '나' 자신과의 시험에서 뒤로 물러선 적은 없었는지…, 한 번 되짚어보아야 한다.

운명은 우리를 행복하게도 불행하게도 만들지 않는다.
다만 그 재료와 씨를 우리에게 제공할 뿐이다.

ー 몽테뉴

소녀와 의대생

사람과 사람 사이에 오고가는 따뜻한 미소, 위로의 작은 말 한마디는 상대방을 절망의 나락으로부터 구출해 낼 수도 있고, 무한한 용기를 샘솟게 하는 동기가 될 수도 있다. 또 사소한 나눔, 작은 베풂이라 할지라도 그것은 누군가에게 큰 격려가 되고 또 어떤 상황에서는 생명을 구하는 값진 역할을 하기도 한다.

KBS 제1방송에서 매주 토요일에 방영하는 '사랑의 리퀘스트'라는 프로그램은 여러 가지 어려움을 겪고 있는 사람들을 돕기 위한 사랑의 방송이다. 예컨대 시청자를 대상으로 한 통화에 천 원씩의 후원금을 모금하여 불치병 환자, 중증 장애인, 결식 아동, 소년소녀 가장 등 하루하루를 힘겹게 살아가는 사람들의 희망을 되찾아주는 데 사용하는 것이다. 즉, '작은 정성을 나누어 희망찬 세상을 만들자'는 것이 이 프로그램의 취지다.

방송에 채택되어 수혜를 받는 이들은 그야말로 극소수에 불과하지만

‘천 리 길도 한 걸음부터’라는 말이 있듯이 그렇게 해서라도 이 사회에 그러한 뜻깊은 ‘운동’이 있음을 알리고 작은 나눔의 정신을 확산시켜 나가는 것은 매우 의미 있는 일이며, 반드시 필요한 활동이 아닐 수 없다.

이처럼 삶의 고통으로 신음하는 절박한 이들의 아픔에 공감하고 그들의 고통을 물질로나마 함께 나누어 짊어지는 데 동참하는 것은 그 어느 때보다 요즘 시대에 절실히 요구되는 덕목이다. 이런 마음을 실천하는 작은 사랑의 행위는, 마치 민들레의 씨앗이 바람을 타고 무한히 퍼져 나가듯, 나누어 주는 이들에게서 받는 이들의 마음으로 넓고 깊게 퍼져 나간다. 누군가의 도움이 절실한 시기에 받은 관심과 사랑은 절대 잊히지 않고 일생 동안 기억되기 때문이다.

아주 오래전 가난한 한 의대생이 있었다. 어느 날 그는 학비에 조금이나마 보탬이 될까 하여 자신이 그토록 아끼던 한 꾸러미의 책을 들고 평소 자주 들르던 단골 책방을 찾았다. 그런데 어찌된 일인지 헌책을 매입해 주던 그 책방의 문은 굳게 닫혀 있었다. 맥이 풀린 학생은 터덜터덜 집으로 향할 수밖에 없었다. 그런데 무거운 책을 들고 먼 길을 걸어서인지 다리도 아프고 배도 고파왔다. 급한 대로 학생은 물이라도 한 잔 얻어 마실까 하고 인근의 한 집으로 무작정 찾아들었다.

그 집에는 어린 소녀가 혼자 집을 지키고 있었다. 학생은 소녀에게 자신의 입장과 형편을 설명하고 내친 김에 혹시 남은 음식이 있다면 좀 얻어먹을 수 있는지 물어보았다. 학생의 이야기를 가만히 앉아 듣고 있던 소녀는 살며시 일어나 부엌으로 들어가더니 우유 한 병을 들고 나와 그에게 선뜻 내밀며 이렇게 말했다.

"엄마는 일하러 나가셨고 집에는 저 혼자 있어요. 이 우유는 엄마가 점심 대신 먹으라고 준 것인데, 전 지금 배고프지 않으니까 아저씨가 드세요."

사실 그 우유는 소녀의 점심이나 다름이 없었다. 그것을 학생에게 줘 버리면 자신은 굶게 될 것이 뻔한데도 소녀는 기꺼이 그것을 학생에게 건넨 것이다. 천진하고 순박해 보이는 눈빛만큼이나 따뜻한 마음을 가진 소녀인 것 같았다. 몹시 허기졌던 학생은 잠시 망설이다 우유를 받아들고는 허겁지겁 마시기 시작했다. 그러고는 무슨 생각에선지 그 집 주소와 소녀의 이름을 자신의 수첩에 받아 적었다.

그 후 긴 시간이 흐른 어느 날, 서울의 한 유명 병원에 심각한 병으로 급히 수술을 받아야 하는 한 여인이 입원을 하게 되었다. 그녀의 곁에는 어머니를 지극 정성으로 보살피는 딸이 늘 자리를 지키고 있었다. 다행스럽게도 수술이 성공적으로 끝나 얼마 후 여인은 완쾌 상태에 이르렀다. 하지만 감당할 수 없는 어마어마한 병원비로 인해 모녀는 마음을 졸이며 큰 걱정에 휩싸였다.

마침내 퇴원하는 날이 다가왔고, 딸은 퇴원 수속을 위해 원무과에 들렀다가 놀라운 사실을 알게 되었다. 원무과 직원이 건넨 계산서에 '생각지도 않았던 금액'이 적혀 있었던 것이다.

"입원비와 수술비를 모두 합쳐 그 금액은 우유 한 병임. 그리고 그것은 이미 지불되었음!"[2]

---

2 「가톨릭 인터넷 굿뉴스」의 겉표지에 실린 내용을 요약하여 정리한 것임.

세상사는 마치 무슨 '고리'와도 같아 하나의 원인은 한 결과를 낳고 또 그 결과는 또 하나의 원인이 되어 새로운 결과를 만들어낸다. 우리가 사심 없이 행한 사소한 말과 행동이 누군가에게 아주 절실한 격려이자 도움이 되고, 그로부터 얻은 희망이 또 다른 이에게로 퍼져 나가는 식이다.

중국 고전에 다음과 같은 말이 전해지고 있다.

"인지천산 불여 천지일산(人之千算 不如 天之一算)"

"인간이 머리를 써서 천 번 계산한들 하늘이 움직여 한 번 계산한 것만 못하다."라는 뜻이다. 곧 잔꾀를 부려 인위적으로 어떤 목적을 성취하려 하는 것은 옳지 않으며 정도(正道)와 진리에 따라 세상을 살아가야 한다고 풀이할 수 있다. 바르고 정직하게 삶을 가꾸어나가야 함을 일깨워주는 소중한 구절이다.

삶을 살아가면서 정도를 지향하고 이를 꾸준히 닦아나가는 것은 결코 쉬운 일이 아니다. 하지만 이에 충실할 때 하늘은 인간관계를 통하여 기적과 같은 은총을 우리에게 아낌없이 내려준다. 아주 사소하고 작은 행위일지라도 그것들이 쌓이고 쌓여 삶의 결정체로 응집될 때 그것은 하늘을 감동시키는 큰 힘이 되기 때문이다.

하늘의 뜻과 합치되는 바르고 선한 행동과 마음은 하늘에까지 닿아 어떤 형태로든 우리에게 되돌려지게 된다. 사실 소녀가 어떤 의도를 갖고, 미래를 내다보고 계산적으로 그린 선행을 한 것은 분명 아닐 것이다. 그러므로 소녀의 선행이 훗날 낳은 결과는 소녀의 순수한 행위에 대한 하늘의 축복이라고 할 수 있지 않을까. 그리고 나아가 이러한 행동들은 세상에서 강렬한 빛을 발함으로써 우리 이웃을 착하고 바르게 변화시키는 촉매제가 되어줄 것이다.

성서의 한 구절이 떠오른다.

"내가 진실로 너희에게 말한다. 너희가 가장 보잘것없는 사람 가운데 한 사람에게 해준 것이 바로 나에게 해준 것이다."(마태오, 25장 40)

낚시꾼과 물고기

묵자(墨子)가 한 말 중 "조자지공 비위사야(釣者之恭 非爲賜也)"란 것이 있다. 이 말은 문득 스쳐 지나간 글귀였지만 그 내용만큼은 잊히지지 않고 기억되고 있는 내용 중 하나이다. 묘한 것은 그 내용이 이따금 어떤 상황에 맞부딪히게 되면 되살아나서 꿈틀거리며 살아 움직인다는 사실이다. 혼자 몇 번이고 입으로 중얼거려 보며 곱씹어 보게 되니 잊히지 않는 문장이 되기도 하였다.

이 말을 풀이해 보면, "낚시꾼이 그토록 공을 드리는 것은 사심 없이 베풂을 행하기 위해서가 아니다."라는 뜻이다.

조자(낚시꾼)는 낚시를 할 때 좋은 터를 잡고 맛있는 먹이를 미끼로 달아 물고기를 잡는 데 온갖 정성을 쏟는다. 이처럼 이들이 최선의 노력을 기울임은 단 한 가지 고기를 잡기 위해서이다.

그러므로 '조자지공'이란 낚시꾼이 취하는 빈틈없는 준비와 최고의 심혈을 기울이는 공들임의 행위 일체를 의미한다. 그리고 이런 '낚시꾼의 세심한 정성을 뜻하는' 공들임의 행위는 오로지 한 가지의 목적을 위한 것이다. 즉, 물고기를 낚아채기 위함이다. 그러니까 문제는 이런 일체의 준비와 정성은 물고기를 위한 것이 아니라 그 물고기를 잡기 위한 목적에 있다는 것이다. 결과적으로 '비위사야'란 어떤 조건이나 의도 없이 베풀어주는 그런 사랑의 행위는 아니란 뜻이다. 다시 말해 그 '공들임'의 행위 일체는 사심 없는 베풂이나 기분 좋은 선물의 의도가 전혀 아닌 것이다.

■ ■ ■

우리는 살아가면서 수없이 주거나 받거나 하는 경우를 경험한다. 위의 내용은 우리의 생활 속에서 '주고받음'의 자세가 어떤 것인지를 진지하게 생각해 보게 한다. 예를 들어 타인에게 무엇인가를 베풀 때, 물론 어떤 욕망이나 의도 내지는 사사로운 이익을 품고 해서는 안 될 것이다. 받는 경우 역시, 주는 이의 의도를 잘 파악할 줄 아는 현명함이 언제나 요구된다.

묵자의 이러한 언급은 한 걸음 더 나아가 우리 사회가 안고 있는 부정부패의 다양한 측면까지 예리하게 들여다볼 수 있게 하는 거울이 되고 있다.

특별히, 공적인 위치에 있게 될 때 뚜렷한 이유나 명분이 없는 금품이나 선심은 절대로 받아서는 안 된다는 교훈을 주고 있기도 한 것이다. 왜냐하면 주는 자의 보이지 않는 또 다른 불순한 의도와 목적이 내재되어 있을 수도 있기 때문이다.

혼자서는 결코 멀리 갈 수 없다

설날 연휴 때 조카들과 함께 외식도 하고 또 모처럼 후메이 감독이 연출한 「공자, 춘추전국시대」를 관람하였다. 영화가 끝나고 차 한 잔을 나누며 영화에 대하여 자연스럽게 대화한 내용들은 대략 두 가지 정도로 집약되었다. 하나는 영화의 짜임새와 완성도가 높다는 것이고, 다른 한 가지는 공자의 핵심사상인 '인(仁)'과 '예(禮)'의 강조가 명확히 부각되고 있다는 것이었다.

영화에서 공자 역을 맡았던 홍콩 배우 주윤발의 연기는 흠잡을 데 없을 정도로 탁월하였다. 그런 가운데에서도 가장 크게, 가장 강하게 다가오고 있는 것은 공자의 인격과 품성, 그리고 언제나 사람을 존중하는 정신이었다.

세계 최대 인터넷 검색 사이트인 '구글(Google)'의 최고 경영자 에릭 슈미트(E. Schmidt)는 2009년 5월 18일 펜실베이니아 대학 졸업식에

참석해 자신의 직업과는 반대가 되는 역설적인 연설을 함으로써 학생들을 깜짝 놀라게 만들었다. 컴퓨터의 적극적인 사용을 강력히 추천할 줄 알았던 그가 "여러분들은 컴퓨터를 끄고, 휴대폰도 꺼라. 그리고 주위에서 인간적인 것들을 발견할 수 있도록 노력해 보라!"고 말했기 때문이다. 그리고 다음과 같은 한마디를 힘 있게 덧붙였다. "손자가 첫걸음을 뗄 때 할아버지가 그 아이의 손을 잡아 이끌어주는 것은 그 어떤 것으로도 대신할 수 없다."

곧, 공자의 핵심사상이 '인'과 '예'의 주체인 사람들 상호간의 관계에 있었던 것처럼 슈미트도 직접적인 사람들 상호간의 만남과 접촉을 무엇보다 중시하였다.

결과적으로, 구글의 최고 CEO인 슈미트는 사이트 공간의 '가상현실'도 중요하지만 삶의 터전인 진짜 세상 속에서 서로 만나고 부딪히며 만들어가는 인간관계의 형성과 그 과정이 무엇보다도 중요한 것임을 강조하였던 것이다.

『멀리 가려면 함께 가라』의 저자 이종선 씨도 그의 저서 속에서 가장 중요시하고 있는 주안점을, 위에서 언급한 공자나 슈미트의 경우처럼, 삶 속에서의 사람에 대한 존중과 배려의 자세에, 그리고 세상의 중심을 바로 인간존재 그 자체에 두고 있다. 그러므로 성공의 최고의 조건 역시 사람임을 강조하고 있다. 그는 다음과 같이 말한다. "사람에게 최선을 다하라. 그것이 모든 것의 시작이고 끝이다."

요즘과 같은 치열한 경쟁사회의 시대, 구체적으로 이윤 극대화만을 추구하는 현실의 혹독한 기업 구조의 상황과 또한 어렵고 힘든 취직 환경 속에서 성공으로 가는 지름길이란 다름 아닌 실력이나 능력보다 사람을 존중하고 배려하는 마음임을, 또 좋은 인간관계의 형성과 공감 능력의 자세가 바로 가장 중요한 자질임을 자신 있게 강조하고 있다.

이종선 씨의 다음의 예화는 정말 되새겨볼 만한 내용이 아닐 수 없다. 몇 번에 걸쳐 임원 후보에 올랐다가 모두 탈락한 한 회사의 간부가 자신이 회사에 기여한 공로를 내세우며 억울함을 호소했을 때 그 탈락의 이유들은 참으로 뜻밖이 아닐 수 없었다. 다름 아닌 임원 후보자가 직원들에게 전혀 인간적인 관심과 배려를 보이지 않았고, 경비 아저씨나 청소하는 아줌마에게 단 한 번도 인사를 건넨 적이 없었으며, 또 일을 해나가는 중에 있어서 오고가며 부딪히는 사람들에게 단 한마디의 유머조차도 전혀 사용할 마음의 여유가 없었다는 것이 바로 탈락의 이유들이었기 때문이다.

그의 표현을 빌린다면 "상대에게 진심을 다하면 당장 보상이 돌아오는 것은 아니지만 결국은 그 자체가 언젠가 스스로에게 좋은 에너지로 돌아온다."는 것이다. 또 강조하기를 세상은 인간 모두가 함께 살아가야 하는 삶의 장이고 공존의 공간이기에 "혼자서는 결코 멀리 갈 수 없다."는 것이다.

이상의 내용들을 정리해 보면 몇 가지 공통된 생각들이 모아진다. 인간의 삶이란 '함께 잘 살고', '함께 잘 갈 수' 있어야 한다. 또 그런 삶을 위하여 인간관계 속에서의 배려와 존중, 그리고 이해와 포용의 자세는 본질적 요소가 된다.

공자는 '인'과 '예'를 삶의 근본과 통치의 근본으로 삼았으며, 구글의 최고 경영자인 슈미트도 컴퓨터 내용보다 인간관계의 소중함을 그 누구보다도 공개적으로 역설하였다. 결국 삶에 있어 '참된 성공'의 최고

의 원칙은 굳이 이종선 씨의 말을 빌리지 않더라도 분명 '사람'에게 있
을 것임이 틀림없다.

멈춰 바라볼 시간이 없다면

요즘 현대인들은 너무 바쁘다. 고된 일상에 쫓기고 또 일에 시달리며 매일매일 빡빡한 스케줄의 여유 없는 삶을 살아가고 있다.

얼마 전 초등학교 4학년 한 꼬마에게 어떤 일을 부탁했을 때 그 녀석의 대답이 나를 혼란스럽게 만들었다.

"저 바빠서 그거 못할 것 같아요."

"뭐? 뭐라고 했니? 바빠서 할 수 없다고?"

기가 막히고 어이가 없었다. 예상치도 못했던 뜻밖의 대답에 충격을 받은 것도 사실이었다. 다소 마음을 가라앉히고 또박또박 그 이유를 물었다. 대답인즉 자기의 스케줄이 꽉 차 있어서 시간을 낼 수 없다는 것이다. 언제부터 초등학교 4학년 어린이가 자기 스케줄 때문에 그것도 주말에 잠깐의 짬도 낼 수 없단 말인가…. 그저 난감할 뿐이었다.

내 경우도 일상적으로 학교 강의, 미사와 단체 참여, 면담, 환자 방문,

강론 준비, 저녁 운동 그리고 모임이나 식사 약속 등으로 정신없이 쫓기는 생활을 하다 보니 항상 마음의 여유가 없고 심리적으로도 안정이 되어 있지 않음이 솔직한 고백이다. 나뿐만이 아닐 것이다. 어린아이들, 중고등학생들, 젊은 사람들, 직장인들 그리고 주부에 이르기까지 다들 그렇게 바쁘게 쫓기며 산다. 모두들 꽉 짜인 틀 속에서 주어진 일들에 얽매이고 또 이에 열중하다 보니 도대체 여유 있는 짬들을 전혀 내지 못하고 있는 것이다. 이른 새벽부터 시작된 날이 그렇게 움직이다 보면 어느새 바쁜 하루를 마감하게 되고 만다.

'바쁘다'는 말의 사전적 의미는 '일이 많아 쉴 수 없음', 또는 '일이 조급함'의 뜻이다. 문제는 그 바쁜 생활로 인하여 나 자신과 나의 가족들, 그리고 이웃과 주변을 돌아볼 시간이 없다는 데 있다. 또한 이것은 마음의 여유가 소진되어 감정과 정서가 자신도 모르는 사이에 메말라감을 의미하기도 한다.

그럼에도 불구하고 한 가지 분명한 사실은 자신을 되돌아보고 정리할 수 있는 시간은 꼭 낼 수 있어야 한다는 것이다. 잠시 멈춰 무엇인가 멀리 바라볼 차분한 여유를 반드시 가질 수 있어야 한다.

근심으로 가득 차
멈춰 바라볼 시간이 없다면
그것이 무슨 인생이랴

...

한낮에도 밤하늘처럼 별들로 가득 찬

시냇물을 바라볼 시간이 없다면

미인의 눈길에 돌아서서 그 아름다운

발걸음을 지켜볼 시간이 없다면

눈에서 시작된 미소가

입가로 번질 때까지 기다릴 시간이 없다면

가련한 인생이 아니랴. 근심으로 가득 차

멈춰서 바라볼 시간이 없다면

— 윌리엄 헨리 데이비스, 「멈춰 서서 바라볼 수 없다면」

언젠가 선물 받은 책을 뒤적거리다 눈에 띈 시(詩)였다. 이 시를 읽으면서 낭만적인 표현들 이면의 실생활과 연결된 삶의 모습들이 떠올랐다. 삶의 그늘에 묻혀 있는 인생의 뒤안길의 여러 모습들, 예컨대, 연민, 동정, 그리고 고단하고 힘겨운 삶의 본질과 실재들까지도….

"어느 날, 문득 바라본 아이의 쑥 커진 키를, 사춘기의 상징인 여드름이 돋아난 그 얼굴을, 그만큼 많아진 비밀과 인생의 고민들을, 공부의 중압감 때문에 잃어버린 꿈들을, 멈춰 바라볼 시간이 없었던 그때, 한순간, 어버이들은 보았을 것이다.

어느 날, 남편의 적어진 말수와 꽉 다문 입을, 그렇게 커 보였던 그대는 어디 가고 또 그 자신감은 어디로 갔는지 소소한 일상에 집중하는 모습을, 툭 튀어나온 뱃살처럼 그리고 그처럼 툭 삐어져 나온 세월의 흔적을, 멈춰 바라볼 시간이 없었던 그때, 한순간, 아내들은 보았을 것이다.

어느 날, 아내의 희어져가는 머리카락과 늘어가는 눈가의 주름을, 살며시 웃던 미소는 어디 가고 왁자지껄한 그 웃음을, 밤중 잠에 묻어 나오는 가녀린 한숨소리와 이고 가는 가정의 무게를, 멈춰 바라볼 시간이 없었던 그때, 한순간, 남편들은 보았을 것이다.

어느 날, 부모님의 작아진 키와 굽어진 등과 느린 발걸음을, 속으로 삭이는 사랑의 기다림과 외로움이 젖어 나오는 두 눈을, 밤을 가르며 터져 나오는 생명의 노화의 신음과 새벽에의 갈구를, 멈춰 바라볼 시간이 없었던 그때, 한순간, 자녀들은 보았을 것이다."

바쁜 일상 안에서 나로 가득하고, 나의 관심과 일로 가득하고, 그러는 사이에 또한 빛나던 내 주위의 별들은 점점 사라지고, 시냇물은 말라가고, 눈가의 미소는 옅어져가게 되고…, 삶이 그렇게만 진행된다면 삶의 참모습으로부터 멀어짐과 동시에 희망과 미래로의 진로 역시 함께 멀어질 수밖에 없다.

'멈춰 바라볼 시간이 없던 그때' 그러나 '한순간' 바라본 모든 것에 우리는 가슴을 치게 되는 것이다.

그러기에 바쁘고 쫓기는 삶 속에서 더욱 '멈춰 바라볼' 마음의 여유를 가질 수 있어야 한다. 삶의 희로애락 속에서도 삶의 실재들을 관통하여 어느 날 한 번쯤 고개를 들어 하늘을 꼭 바라볼 수 있어야 한다. 한 번쯤 근심과 삶의 열중으로부터 벗어날 필요가 있다. 한순간쯤은 반드시 짬을 내어 세월의 무게로부터 과감하게 탈피하여 흠뻑 숨을 들이켜 눈에서 시작된 미소가 입가로 번질 때까지 잠시 멈춰 서서 별들로 가득한 밤하늘을 바라다볼 수 있어야 한다.

모든 것 바쳐 사랑하고 떠나갔네

"난 영원히 기도하리라. 난 사랑하리라. 내 모든 것을 바쳐…."

위 글은 고(故) 이태석 신부가 묵상을 위해 작사·작곡한 내용 중 일부이다.

그는 8년 동안 아직도 내전(內戰)의 상흔이 채 가시지 않은, 그리고 각종 질병과 빈곤에 시달리는 아프리카의 최빈민국 수단에서 사랑과 희망의 꽃을 피우다가 2010년 1월 14일 한 송이 연꽃과 같은 생을 마감했다. 그의 나이 48세였다.

■ ■ ■

헌신과 봉사의 희생적 삶에 열정을 다 바쳐 살아온 이태석 신부는 2006년 인제대학교로부터 '인제인성대상 특별상'을 수상했고, 2007년 제23회 '보령의료 봉사상'을 받았다. 2009년에는 제2회 '한미 자랑스런 의사상'을 수상하였다.

  그는 1987년 인제대학교 의과대학을 졸업하고 돌연히 앞길이 보장된 의사로서의 삶을 과감히 포기하고 사제의 삶을 선택하였다. 광주가톨릭대학교와 이탈리아 로마의 살레시오 대학에서 철학과 신학을 전공하고 2000년 사제서품을 받았다. 그 이듬해 2001년 한국인 신부로서는 최초로 아프리카 수단의 남부 지방, 톤즈라고 하는 시골의 한 가난한 마을로 파견되어 자신의 임무를 시작하게 되었다.

  이로부터 8년간에 걸쳐 이태석 신부는 "너희가 가장 보잘것없는 사람 가운데 한 사람에게 해준 것이 바로 나에게 해준 것이다."(마태오, 25장 40)라는 성서의 말씀처럼 교육과 의료봉사를 중심으로 자신의 '사명(mission)'을 수행해 나갔다. 그는 그들 중 한 사람이 되어 그들의 친구가 될 수 있기를 간절히 바랐고, 좀 더 적극적으로 그들의 구태의연한 생각들을 빠르게 변화하는 시대의 흐름에 맞춰 새롭게 바꿔주고자 힘썼다. 또한 사제로서의 믿음과 사랑을 바탕으로 세상에서 소외되고 버림받은, 다시 말해 잠들어 있는 영혼들을 일깨우고자 최선의 노력을 다하였다.

  수단은 아직도 국민의 생활수준이 매우 낮아 콜레라, 말라리아 등의 온갖 질병이 끊임없이 난무하고 있는 곳이다. 또 오래도록 지속된 내전의 후유증으로 아직도 곳곳이 폐허인 전쟁터의 흔적들을 여실히 보여주고 있는 곳이기도 하다. 나사못 하나, 또는 제대로 된 생활필수품 하나를 구하려 해도 수천 킬로미터 떨어진 곳에서부터 비행기나 자동차로 실어 와야 하는 곳…, 빈(貧)만 있고 부(富)는 없는 곳…. 그곳이 바로 수단의 톤즈 마을이었다.

이런 수단의 시골 마을에서 그것도 허허벌판에 처음 움막으로 만든 진료소와 사제관에서 그는 자신의 일을 시작하였다. 이때는 정말 아무 것도 없는 상태에서부터, 곧 무(無)에서 유(有)를 창조하듯 하나하나 결실을 맺어갔다.

다음의 그의 말에서 그의 삶의 신념이자 신앙을 엿볼 수 있다.

"내가 가진 것 하나를 열로 나누면 수학에서는 10분의 1로 줄어든다. 그러나 하늘나라의 수학에서는 '천'이나 '만'으로 부푼다."

8년여의 세월을 보내며 톤즈에 큰 변화의 바람이 불었다. 병실 12개 짜리 병원이 건립되었고 학교와 기숙사도 세워졌다. 하루 200-300명에 달하는 환자를 진료하기에 이르렀고, 진일보하여 한국 은인들의 도움을 받아 플루트, 트럼펫, 색소폰 등을 구입하였고, 오르간 반주자까지 포함하여 35인조 브라스밴드를 결성하기에 이르렀다. 이것은 국민들 마음속에 남아 있는 전쟁의 상처를 음악으로서 치유하고자 하는 목적이 있었다. 이때 '한국의 슈바이처'라는 별명을 갖게 되었다.

이렇게 이태석 신부는 '상처 받은 척박한 땅'을 '옥토'가 되게 하는 한 알의 밀알이 되었다. 이런 과정은 그가 하느님을 더욱 친밀하고 깊이 있게 만나게 한 값진 역경이고 십자가이기도 하였다. 이런 톤즈에서의 힘들었던 그리고 다양한 사건을 통해 그 역시도 역동적으로 역사하시는 하느님을 더욱 깊이 체험할 수 있었던 것이다.

그는 사제로서의 역할도 충실히 수행함으로써 매년 수백 명의 영세자들을 이끌어냈고 그들에게 어떤 삶이 값지고 의미 있는가를 깨우쳐주고자 하였다.

그러나 그에게 주어진 세상에서의 임무는 거기까지였다. 2009년 11

월 한국에 임시 귀국해 병원에 들렀을 때 대장암 말기 판정을 받고 말았다. 그는 투병 중에서도 자신들 수도공동체에 머물며 평상시와 같이 젊은이들을 위한 곡을 작곡하고 밴드를 결성하는 등 마지막 투혼을 불사르며 자신에게 주어진 '달란트'를 남김 없이 발휘하였다.

연어는 수백 수천 킬로미터의 물길을 헤치고 헤쳐 그토록 어렵게 알을 낳고 장렬하게 자신을 바친다. 이태석 신부의 삶이 그러하였다. 그는 2010년 1월 14일 신길동 살레시오 회관에서 가족과 동료 사제들이 지켜보는 가운데 하느님 품에 안겼다.

장례미사 중에 있었던 추모사에서 누군가 다음과 같은 말을 남겼다.

"그는 진흙 속에서 피어난 아름다운 꽃이다. 그리고 그 꽃은 평화의 꽃이며 사랑의 꽃이다. 하느님께서는 우리에게 이태석 신부를 '과분한 선물'로 보내주셨다."

아쉬움이 남는 짧은 삶이었지만 척박한 땅 아프리카 수단에서 온몸을 던져 불사른 그의 희생과 헌신은 평화와 사랑의 꽃을 피워냈다. 우리는 이태석 신부가 뿌려놓은 씨앗들을 더 잘 가꾸고 더 잘 살 수 있도록 그 뜻을 이어가야 한다.

그는 지금 세상에 없지만 그의 봉사의 정신과 사랑의 혼은 톤즈 마을과 우리 곁에 영원히 살아 있을 것이다.

2부 솥을 깨뜨리고 배를 침몰시키다

아름다운 꼽추 / 호스피스가 된 대주교 / 현명이와 피그말리온 / 화장실 청소를 하게 된 국토순례 대학생들 / 지도자의 최고의 자질은 포용과 관용이다 / 여인과 망원경 / 솥을 깨뜨리고 배를 침몰시키다 / 사랑의 시험 / 실로 만족하지 않고 행복하지 않다면, 그런 성공이란 의미가 없다

아름다운 꼽추

우리는 종종 '자신을 사랑하라'는 말을 듣곤 한다. '자신을 사랑하라'는 말의 의미는 무엇일까? 이때 '사랑하라'는 자신의 외모, 능력, 성격, 환경 등에 있어서, 타인과의 비교의 차원을 훌쩍 뛰어넘어 '자신의 고유성에 대한 자각'과 '자신에 대한 깨달음'이 있어야 함을 의미한다. 무엇보다 내가 누구인지를 분명히 파악하고 자신을 진심으로 존중해야 함을 뜻한다.

자신을 바로 알고 또 자신을 긍정적으로 가꾸어나갈 때 인생도 아름답게 만들어나갈 수 있기 때문이다.

■ ■ ■

옛날 이탈리아 북부의 어느 시골 마을에 한 꼽추가 살았다. 그는 태생부터 꼽추는 아니었다. 아주 어렸을 적 돌림병으로 부모를 잃게 되었고 엎친 데 덮친 격으로 불의의 사고로 척추를 다쳐 꼽추가 되었다. 고아가 된 그를 친척 아저씨가 데려다 길렀지만 그 친척 아저씨도 생활이 곤궁하였고 그나마 몇 년 후에는 세상을 떠나게 되어 꼽추는 아무 연고도 없이 홀로 남게 되었다.

고아가 된 꼽추는 스스로 생계를 이어갈 방도를 찾아야만 했다. 그 방법이란 고작 시내 한복판에 자리를 깔고 물구나무서기 등의 재주를 보여주며 동냥을 얻는 것이었다.

사실상 그의 재주는 특출한 것이 아니었기에 벌이도 신통치 않았다. 그런 와중에 추운 겨울을 맞아 동냥마저 할 수 없게 되어 끼니조차 이어갈 수 없는 상황이 되었다. 이런 사실을 알게 된 동네 한 어른이 그를 수도원에 청소부로 일하게 해주었다.

수도원에서 생활을 하게 된 꼽추는 세상에서 미처 체험하지 못한 사실 한 가지를 발견하였다. 수사들 하나하나가 모두 자기 나름대로의 뛰어난 기술을 갖고 있었던 것이다. 어떤 수사는 노래를 그토록 잘했고, 어떤 수사는 요리에 뛰어난 재주를 갖고 있어 주방에서 아주 근사한 음식을 만들었으며, 또 어떤 수사는 밭일과 농사일에 뛰어난 재능을 보여주었다. 그 밖에도 어떤 수사는 설교에 출중하였고 또 어떤 수사는 수도원 내 정원을 놀랍도록 아름답게 가꾸어놓기도 하였다. 모두들 나름대로 각자의 능력과 재주로서 하느님을 찬양하였고 그분께 기쁨을 드리고 있었다.

꼽추는 매우 낙담하였다. 자신이야말로 세상에서 제일 쓸모없는 인간이라고 자책하게 되었다. 그런 생각의 나날을 보내던 꼽추에게 어느 날 상상 밖의 기발한 생각이 떠올랐다.

"아! 내게도 한 가지 재주가 있었어! 하느님한테 내 재주를 보여드리면 기뻐하실 거야!"

이런 확신이 굳어지면서 수도원의 모든 일이 끝나는 늦은 시각 그는 성전을 찾게 되었다. 그리고 오래전 동냥 때에 보여주었던 물구나무를 서기 시작했다. 섰다가 넘어지기를 수차례 반복한 끝에 오래 설 수 있게 되었다.

그 이후 꼽추는 날마다 깊은 밤이면 성전을 찾아 제대 앞에서 물구나무서기를 계속하였다. 이렇게 그는 최선을 다해 하느님께 그의 재주를 보여드렸다고 생각했고 또 흐뭇해하였다.

시간이 흐르면서 이 소문은 수사들 사이에 전해졌고 급기야 수도원장의 귀에까지 들어가게 되었다. 수도원장은 분노하였다.

"이 신성하고 경건해야 할 성전 제대 앞에서 이리저리 쓰러지며 뭐? 무슨 재주를 피우고 있다고? 딱한 처지를 불쌍하게 여겨 돌보아주었거늘… 내 이놈을 당장!"

결국 수도원장은 수사 몇 사람을 데리고 그 광경을 지켜보고 마지막 판단을 내리기로 결정하였다. 아니나 다를까 깊은 밤 모두가 잠든 때, 꼽추는 성당 제대 앞으로 나와 물구나무서기를 시작하였다. 그는 섰다가 넘어지기를 여러 번 반복하였다. 수도원장은 혼잣말로 중얼거렸다.

'그 소문은 사실이었군!'

꼽추는 온 정성을 다해 재주를 부렸고 그 몸짓과 동작 하나하나에 정성을 다하였다. 그 모습은 진실이 묻어 나왔고, 한편으로는 언뜻 아름답게 보이기까지 하였다. 그러기를 몇 시간, 드디어 온몸이 땀으로 뒤범벅이 된 꼽추는 제대 앞 계단에 그만 스르르 고꾸라지고 말았다.

수도원장과 그 일행이 자리를 뜨려는 순간 상상도 못할 놀라운 장면이 눈앞에 펼쳐졌다. 다름 아닌 제대 중앙 십자가에 달려 계셨던 예수님께서 내려오시어 꼽추를 무릎에 안고 다음과 같이 말씀하시는 것이었다.

"사랑하는 아들아! 나는 그 누구보다 네 선물을 매일매일 기쁘게 받고 있단다. 그래서 난 언제나 행복했단다!"

그러고 나서 옷깃으로 그 얼굴을 정성스럽게 닦아주는 것이었다.

그 광경을 목격한 수도원장은 깜짝 놀랐고 또 깊은 감명을 받았다. 그 이후부터 수도원장은 그를 평생 동안 살게 해주었다.

■ ■ ■

이 예화가 주는 교훈은 무엇일까? 그것은 우리 각자 자신이 지니고 있는 능력이 작고 미약할지라도 꾸밈없는 진실과 아름다운 마음이 함께한다면 사실상 그 자체로서 이미 의미를 지니고 있는 것이며 하느님의 눈에는 더없이 크고 귀중한 선물이 될 수 있다는 것이다.

우리는 자신을 깊이 들여다보면서 우리 각자의 '달란트'를 발견해 낼 수 있는 마음의 눈을 뜰 수 있어야 한다. 그리고 발견한 '달란트'를 꾸준히 발전시켜 나갈 수 있어야 한다.

비록 그것이 다른 사람의 눈에는 보잘것없게 보일지라도, 넘어졌다 일어서기를 수없이 반복하면서 이를 극복해 나가고자 끊임없이 노력한다면 육신의 건강과 함께 마음의 눈은 지혜로워질 수 있을 것이며 언젠가 우리의 달란트도 찬란한 빛을 발하게 될 것이다.

한 번 뛰어 하늘에 도달하지 않는다. 그러나 우리들은 낮은 땅에서 둥근 하늘로 올라가는 사다리를 만든다. 그래서 우리들은 돌고 돌아 그 꼭대기에 이른다.

— J. G. 흘런드

호스피스가 된 대주교

2009년 6월 1일 『조선일보』 문화면에 실린 대구대교구장 이문희 대주교에 대한 기사는 우리에게 큰 감동을 주었다. 전 국회의장 이효상의 아들로 태어나 경북대학교 정치학과를 졸업한 그는 누가 봐도 앞날이 보장된 삶을 살고 있었다. 그런 그가 대학 졸업 후 돌연 "좋은 세상을 만드는 데 정치로는 부족하다."며 신학대학에 다시 입학했을 때 사람들은 그의 행보가 의아할 수밖에 없었다. 그러나 뜻밖의 행보는 그것이 끝이 아니었다.

신학대학을 마치고 파리 리옹대학과 파리 가톨릭대학에서 유학한 그는 귀국 후 주교 서품을 받고 대구대교구장으로 일하며 주어진 길을 차분히 걸어왔다. 그러나 21년간의 임무를 마감하고 교구장에서 은퇴한 그는 또 한 번 뜻밖의 선택으로 사람들을 놀라게 했다. 현재 그는 대구 가톨릭대학교에서 호스피스 봉사자 연수를 받고 있다. 무소불위의 박정희 정권 한가운데서 국회의장 아들로 태어났고, 또 한때는 대구대교구장으로 존경받아 온 그가, 세상에 무서운 것도 아쉬운 것도 부러울 것도 없을 것 같은 그가 호스피스 교육을 받고 있다니! 고개를 갸우뚱하지 않을 수 없는 선택 아닌가. 그러나 그의 설명은 자신의 길에 대한 분명한 의지를 담고 있었다.

"저 역시 하느님이 부르실 날이 얼마 남지 않았겠습니다만 결국 우리가 잘 사는 방법은 사랑의 실천밖에 없습니다. 구체적인 사람에게 구체적인 사랑을 전한다면 더욱더 좋겠지요."

그도 한때 식도암 진단을 받고 수술을 받은 적이 있었다. 그런데 물도 마시지 못하고 침도 삼킬 수 없었던 고통과 낙담의 시간은 도리어 그에게 큰 깨달음을 주었다고 한다. 이러한 경험은 사랑의 실천에 대해 그가 가졌던 기존의 생각을 완전히 뒤바꿔놓았다. "저 스스로 죽음 앞에까지 다녀오니 하느님 사랑을 얼마나 전했는가, 머리로만 사랑을 전한 것은 아닌가 후회스럽기까지 했지요. 그래서 사랑을 전할 방법을 찾다가 호스피스 봉사를 택하게 된 겁니다."

'이제 남은 삶을 어떻게 살아야 하는가'라는 물음 앞에 그는 자신의 삶을 정리함과 동시에 더 많은 사랑을 실천하기 위해 망설임 없이 호스피스의 길을 선택했다. 그리고 지금까지 많은 이들의 임종을 곁에서 지켜주었다. 그 중에는 막역하게 지내던 박창수 신부도 포함되어 있다.

"임종을 앞둔 박창수 신부님을 자주 방문하면서 위로를 드리곤 했는데, 어느 날 임종 소식을 듣고 병실로 뛰어갔어요. 기계가 변동이 없이 한 일(一) 자를 죽 그리고 있었는데 내가 그의 몸을 쓰다듬자 그래프가 '출렁' 하고 흔들렸어요. 저를 그때까지 기다렸던 것 같습니다."

환자들이 편안히 죽음을 맞이할 수 있도록 하느님께 가는 마지막 길을 곁에서 힘껏 돕겠다는 그의 아름다운 의지는 엄숙하기까지 하다.

우리는 조금만 더 관심과 애정을 갖고 우리 주위를 둘러볼 필요가 있다. 흙먼지를 묻히며 고아원 놀이터를 철없이 뛰어노는 아이들, 양로원 후미진 구석 자리에서 외로움에 떨고 있는 노인들, 원인 모를 질병으로 고통 받는 이들, 처참한 가난 속에서 허덕이는 사람들까지 우리 사회 곳곳에서 사랑을 필요로 하는 사람들을 만날 수 있다. 이문희 대주교가 사랑의 실천으로 이 세상에 자신이 존재했던 이유와 그 삶의 가치를 찾고자 했듯이 우리도 그의 뜻을 깊이 되새겨볼 필요가 있다.

"나는 어떤 삶을 살고 있는가, 그리고 어떻게 살아가야 하는가."

이문희 대주교의 자작시 「자화상」은 이런 삶의 의문에 한 가지 방향을 제시해 주는 듯하다.

살수록 일그러지는
내 모습을 보며
지금이라도
자화상을 그려야 한다.
더 늦기 전에
나도 한 사람이었음을
그려놓아야 한다.

현명이와 피그말리온

　월피동 성당 주일학교에는 이현명이라고 하는 초등학교 4학년 '괴짜'가 하나 있다. 오늘도 보나마나 사제관 문을 두드릴 것이다. 미사 중에 내가 내는 퀴즈의 정답을 미리 알아내기 위한 목적으로…. 이것은 이미 수녀원이나 주방, 또 많은 학생들에게 다 잘 알려진 사실이다.

　지난해, 현명이가 3학년 때 초등부 지도 수녀님께서는 현명이에게 '첫 영성체[1] 교리'를 가르치는 것을 다음 해로 연기하기로 작정하고 나를 찾아와 그 문제를 논의하게 되었다. 1년을 더 기다려 4학년 때 첫 영성체를 시키자는 의견이었다. 그러나 내 입장은 그 녀석에 대한 기대를 저버리지 말고 가능하면 이번 기회에 꼭 첫 영성체를 시킬 수 있도록 끝까지 교리를 가르쳐보자는 것이었다. 그리고 최선을 다했음에도 불구

1　가톨릭교회 안에서 처음 성체를 모시는 전례 행위를 말함.

하고 자격이 안 되었을 때에는 그때에 포기해도 문제될 것이 없다고 하였다. 물론 나도 힘껏 돕겠노라 응원을 약속했다.

내가 할 수 있는 일이란 솔직히 "현명아! 넌 할 수 있어."라고 하는 격려와 칭찬뿐이었다. 그 외에 그 녀석과 함께 축구도 하고, 퀴즈 정답도 미리 가르쳐주며, 또 가끔 엄마와 함께 있을 때 엄마 앞에서 현명이를 한없이 치켜세우는 것 등이 전부였다. 그 밖에 다른 방도는 없었다. 솔직히 고백건대, 나도 내심으로는 수녀님처럼 그다지 큰 기대를 걸고 있진 않았다. 그런데 무슨 날벼락이 떨어졌는지 현명이는 기대에 부응하였고 점점 다르게 바뀌더니 무사히 교리교육을 마쳤고 첫 영성체를 훌륭히 치를 수 있었다.

1년이 흐른 지금 현명이는 기적같이 바뀌어 있다. 수녀님도 놀랐고 나도 놀랐다. 그동안을 되돌아보면 수녀님이나 교사나 또 나 역시 그에게 해준 것이라곤 언제나 "넌 정말 잘할 수 있다니까!" 하는 관심과 칭찬이 전부였기 때문이다.

■ ■ ■

그리스 신화를 보면 '피그말리온(Pygmalion)'이란 인물이 나오는데 그는 키프로스(Chypre) 섬의 왕임과 동시에 천재적 조각가로 등장하고 있다.

그는 현실 속에서 자신의 이상형의 여인을 찾지 못해 결국은 스스로 조각을 하여 한 여인상[2]을 완성하게 되었는데 그 조각이 얼마나 아름다웠는지 그만 그 조각과 사랑에 빠지게 되었다.

그는 미(美)와 사랑의 여신인 아프로디테를 찾아가 그 조각에 '생명'

70

을 불어넣어 사람이 되게 해달라고 간절히 청하였다.

집에 돌아온 피그말리온이 여느 때와 같이 그 조각을 어루만지며 껴안자 뜻밖에도 그 조각은 따뜻한 온기를 품으며 사람으로 변하였다. 드디어 피그말리온의 간절한 꿈이 현실로 이루어지게 된 것이다.

이 일화가 주는 메시지는 우리가 세상을 살아가면서 염원과 바람이 꾸준하고 절실할 때 그 꿈이 곧 현실로 이루어질 수 있음을 시사하고 있다.

일반적으로 잘 알려진 『칭찬은 고래도 춤추게 한다』는 저서의 핵심 주제도 인간교육에 있어 가장 중요한 방법이 칭찬과 격려이며, 칭찬과 격려를 동반한 꾸준한 가르침은 큰 효과를 거둘 수 있음을 강조하고 있다.

미국의 교육학자 로젠탈(R. Rosenthal)의 교육학적 실험에 다음과 같은 것이 있다. 한 초등학교의 학생들 중 '무작위'로 일부 학생들을 선정한 후 교사들에게는 선정된 학생들이 누구인지 정확히 알려주며 또 '이 학생들은 앞으로 학업성적이 우수할 것이며 지적 발달이 뛰어날 것이다'라고 하는 정보를 제공하였다. 사실 이 정보는 근거가 없는 거짓된 것이었다.

8-9개월이 지난 후 학생들에 대한 학업평가가 내려졌을 때 전과는

---

2 그 여인상의 이름은 '갈라테(Galatée)'였고 그녀는 피그말리온에게 '파포스(Paphos)'라고 하는 아들을 낳아 주었다.

전혀 다른 놀라운 결과가 밝혀졌다. 즉 거짓 정보에 해당되는 선정된 학생들의 학업성적이 현저히 좋아진 것이다.

왜 이런 결과가 나타났을까? 정보를 받은 교사들은 선정된 학생들에게 한결같은 기대를 가지고 있었고 그런 의중이 의식적이든 무의식적이든 가르침에 반영되었기 때문이다. 그리고 학생의 입장에서는 선생님들의 관심과 칭찬으로 용기를 얻어 자신감을 갖고 열심히 공부하게 되었기 때문이다. 말하자면 교사는 거짓 정보를 굳게 믿고 그 학생들에 대한 믿음과 신뢰를 끝까지 저버리지 않았다. 오히려 한결같은 기대를 갖고 격려와 돌봄을 잊지 않았다. 그런 정성과 사랑을 듬뿍 받은 학생들은 교사의 관심과 기대에 부응하고자 '나도 할 수 있다'는 긍정적 사고를 갖고 더욱 열심히 노력하였고 그래서 좋은 결과를 얻게 된 것이었다.

소위 이것을 일컬어 교육학에서는 '피그말리온 효과(Pygmalion effect)'라고 말하고 있다. 이 용어의 정의는 누군가 또는 어떤 일을 추진해 나가는 과정에 있어서 끝까지 어떤 믿음과 기대를 저버리지 않을 때, 예컨대 '교사'는 '학생'에게 끊임없이 영향력을 미침으로써 큰 효과를 거두거나 또는 목표를 충분히 달성할 수 있다는 것을 뜻한다.

로젠탈의 실험에서도 입증된 바와 같이 우리의 간절한 믿음과 기대는 '현실'로 우리 눈앞에 나타날 수 있다는 것이다. 현명이나 피그말리온의 경우처럼 우리도 누군가에게 소망과 믿음을 가질 때 그는 우리의 기대에 부응하여 자신의 목적을 훌륭히 완수해 낼 수 있을 것이다.

또한 그 '누군가'의 결점과 부족함이 먼저 눈에 잡힌다 해도 인내와 여유를 갖고 찬찬히 그 장점을 발견하여 다독거려준다면 그는 용기와 자존감을 갖고 훌륭하게 성장할 수 있다.

오늘도 빨리 현명이에게 일러줄 퀴즈 답을 뽑아놓아야 할 텐데….

화장실 청소를 하게 된 국토순례 대학생들

마음속 감사를 품고 사는 사람, 무엇을 보아도 어떤 체험을 하여도 감사를 드린다. 꽃 한 송이, 풀잎 하나, 흘러가는 구름 한 점, 포르르 날아다니는 새 한 마리, 새벽의 영롱한 아침이슬, 비 온 뒤의 무지개, 그리고 해질 무렵의 황혼의 빛깔 등…, 온갖 자연의 현상들에 대하여도 환희와 기쁨을 느끼며 감사를 드리는 것이다. 그리고 우리는 가족, 친구들, 이웃들, 그 밖의 모든 이들의 따뜻한 말 한마디, 화사한 웃음과 친절한 격려에 힘을 얻고 용기를 갖게 된다.

또한 감사하는 자는 인간관계 속에서 겪게 되는 갈등과 상처, 아픔과 고통, 슬픔과 번뇌 속에서도 긍정과 화합, 그리고 한 단계 더 성숙해지는 발전과 승화의 의미를 찾고 궁극에 가서는 그들에게조차 감사를 드린다.

지난 주일 저녁 아홉 시경 저녁미사가 끝나고 모든 차들이 다 빠져나간 뒤 사무실의 마지막 결재를 기다리고 있던 중 사무장의 인터폰이 울렸다.

"대학생들인가 봐요. '국토순례'를 하는 중이래요. 성당 마당에서라도 좋으니 하루 머물 수 있게 해달라는데요. 그런데 요즘 도둑이 많이 들고 해서 허락하지 않았으면 좋겠어요."

나 역시 같은 생각이었다. 그들을 그냥 보내든지, 아니면 성당에서 재우든지 주임신부로서 우선적으로 그들이 어떤 상태인지는 파악해 볼 필요가 있었다. 여하튼 문을 열고 나가 보니 네 명의 학생들이 이미 문앞에 일렬로 정렬해 있었다. 나갈 때의 생각은 근처 가격이 비교적 저렴한 숙소나 모텔을 소개해 줄 참이었다. 전에도 그런 적이 몇 번 있었다. 그런데 내가 채 말을 꺼내기도 전에 학생들이 먼저 입을 열었다.

"저희는 '국토순례' 중인 대학생들인데…, 성당 마당 한쪽 구석이라도 좋으니 하루 쉴 수 있게 해주시면 안 되겠는지요? 저희는 텐트도 있고 여기 슬리핑백도 있거든요."

둘러 보니 세 명 정도가 가슴에 슬리핑백을 안고 있었다. 나는 짧은 순간 생각에 잠겼다. 그런 가운데서도 빨리 결정을 내려주어야만 했다.

'어떻게 하지? 지난번처럼 여비를 주어 내보내야 할까? 아니면 성당에서 그냥 재워야 할까?'

전 같으면 그냥 여비를 주어 내보냈을 것이다. 그러나 막상 그들과 마주치니 이번 경우 전과는 전혀 다른 느낌을 받았다. 학생들의 눈빛이 총명하게 빛났고 왠지 선한 의지가 느껴졌다. 복장도 깔끔했다. 성당에서 재워도 문제는 없을 것 같았다.

"나는 자네들을 이곳 성당의 교육관 온돌방에서 재우기로 마음을 바꿨네. 대신 조건이 하나 있네."

난 그들을 이끌고 우선 교육관의 온돌로 된 교리실로 데리고 갔고 에어컨 사용, 전기 소등, 화장실의 위치 등을 설명해 주었다. 그리고 끝으로 내 조건을 이야기하였다.

"내 조건은 조건이라기보다 부탁에 가까운 것인데, 여러분들이 운동 삼아 여기 남녀 화장실을 깨끗이 청소를 해주면 어떨까? 오늘, 날도 더운데 샤워도 할 겸 운동도 할 겸 좋은 일을 해보면 어떨까? 성당 신자들도 깨끗한 화장실을 사용하게 되어 고마워할 텐데…"

"예! 좋아요. 감사합니다! 감사합니다!"

내 말이 채 끝나기가 무섭게 그들은 똑같이 합창으로 '감사합니다!'를 연거푸 외쳤다. 박수와 환호까지 터졌다. 의외의 반응에 오히려 나 자신이 어리둥절해졌고 깜짝 놀랐다.

■ ■ ■

며칠 시간이 지났지만 이따금 그 학생들이 기뻐 뛰던 모습들이 눈에 선하다. 나는 그 학생들을 떠올리며 '감사'의 의미는 무엇인지, 또 감사하는 생활은 어떤 것인지, 그리고 그런 말과 행동이 상대방의 마음을 어떻게 움직이는지, 한 걸음 더 나아가 세상을 어떻게 변화시킬 것인지를 생각해 보았다.

성(聖) 크리소스토모스[3]는 일생을 감사의 삶을 살았던 인물이다. 그와 연관된 다음의 에피소드는 감사의 의미를 되새기게 해준다.

그는 국가에서 법으로 금하는 그리스도교를 전교한다는 이유로 감옥에 갇혔을 때 이렇게 말했다.

"하느님! 감옥에 갇힌 죄수들을 복음화하라고 이곳으로 보내주셨군요. 감사합니다!"

그는 계속해서 감옥에서도 전교를 강행하였으며 그러다가 결국 사형선고를 받게 되었다. 이때에도 그는 감사함을 잊지 않았다.

"하느님, 감사합니다! 신앙인의 가장 아름다운 죽음이 바로 순교라고들 말하는데 저 같은 사람을 순교의 반열에 올려주시니 정말 감사드립니다."

불행인지 다행인지, 사형집행장으로 끌려가던 도중 갑자기 사형 중지 명령이 떨어졌다. 이때에도 크리소스토모스는 눈물을 흘려가며 이렇게 감사의 말을 전하였다.

"하느님! 또 감사드립니다. 아직 이 미천한 종에게 할 일이 더 남아 있다는 것입니까? 죽도록 충성할 수 있게 하여주소서!"

위의 일화가 우리에게 감동을 주는 것은 어떤 상황, 어떤 처지에서든지 감사하는 한결같은 마음의 자세이다. 평상시에는 물론이거니와 어떤 위기에 처해서도 그는 긍정적이며 감사하는 마음을 절대로 잊지 않았다. 그는 살아 있을 때도, 박해를 받고 감옥에 갇혔을 때도, 마지막으

---

3 성(聖) 크리소스토모스(Chrysostomos Ioannes, 354-407): 그리스 정교회의 교부이며 위대한 설교자이다. 시리아 출생으로 어머니의 기도와 노력으로 그리스도교 신자가 되었고, 397년에는 콘스탄티노플의 대주교가 되었다. 그는 윤리적으로 매우 엄격하여 상류사회의 미움을 받았으며 급기야 황태후 유도크시아의 반감을 삼으로써 404년 소아시아로 추방되었다. 그는 이곳에서 죽음을 맞이할 때까지 (3년여에 걸쳐) 코트인과 페르시아인들에게 전교하였다.
'크리소스토모스' 란 '금(金)의 입' 이라는 뜻으로 설교에 출중하여 붙여진 이름이다.

로 사형에 처해질 극한 상황 안에서조차도 감사를 드렸다.

어떻게 보면 그는 우리와는 다른 성인적 품성을 지닌 사람이었기에 가능했을 것이다. 그러므로 그를 온전히 닮으라는 뜻이라기보다는 '감사합니다'의 마음을 우리 가슴 깊숙이 다시 한 번 되새겨보자는 뜻이다. 일상생활 가운데 우리의 삶을 변화시키는 '감사합니다'의 힘과 그 실체는 과연 무엇일지….

■ ■ ■

일반적으로 사람들은 어떤 소원이 이루어지거나 행복한 삶을 영위할 때, 사업이 잘되거나 건강할 때, 또 가족들의 문제가 잘 풀려나갈 때 감사를 드린다. 반대로 원하는 대로 이루어지지 않았을 때, 사업이 잘 안되거나 병중에 있게 될 때, 또 가정에 우환이 닥칠 때 감사를 드리는 경우는 거의 드물다.

좋은 경험과 좋지 않은 경험 모두에 대하여 감사하는 마음을 갖는다고 하는 것은 물론 쉽지 않다. 이런 자세는 수없는 자아부정, 낙담과 절망, 그리고 원망과 분노 등의 긴 터널의 통과 과정을 통해 거듭 태어날 때 비로소 가능하기 때문이다. 이렇듯 한바탕 반추의 과정이 지나간 후 남아 있는 상처를 보듬고 품어 안을 때 우리는 그 상처로부터 진정 벗어날 수 있으며 또한 자유로워질 수 있다. 그리고 그때서야 비로소 '감사를 드릴 수 있는 자'로 우뚝 설 수 있게 된다.

마음속에 늘 '감사'를 품고 사는 사람은 매사에 긍정적이며 어떤 체험 안에서든지 헌신과 희망이 넘쳐난다. 나아가 감사의 삶이란 심리학적, 정신병리학적 연구를 예로 들지 않더라도 우리의 삶을 한층 더 고양된 차원으로 승화시켜 준다.

    시편의 저자 다윗의 입에서 흘러나오는 다음의 고백의 찬가는 감사의 결과가 자연과 우주에 대한 찬미, 그리고 창조주에 대한 감사의 마음과 맞닿아 있음을 표현한 것은 아닐지….

    "내가 있다는 것에 대한 놀라움, 당신 하신 일에 대한 놀라움, 이 모든 신비들에 대해 오직 당신께 감사드리나이다!"(시편, 193편 14절)

지도자의 최고의 자질은 포용과 관용이다

'리더'의 개념은 엄밀한 관점에서 성인이나 위인, 또는 영웅의 개념과는 다소 차이가 있다. 기본적으로 그 차이를 구분해 본다면 성인이란 '지혜로움과 덕이 뛰어나 타인의 모범이 되고 남들이 본받을 만한 인물'을 뜻한다. 특별히 종교적 의미 안에서 고찰된다면 사랑, 희생, 헌신 등의 성품을 갖춘 사람도 포함된다. 이는 '통치'나 '보스'의 개념과 약간의 거리감이 있을 수 있다. 위인의 뜻도 사전적으로 '위대한 인간' 또는 '어떤 분야, 어떤 일에 대하여 매우 뛰어난 사람'을 뜻한다. 곧 '역사에 있어 큰 발자취를 남긴 사람'을 말한다. 이 말도 성인의 개념과는 다소의 차이가 있다. 영웅의 개념도 짧게 고찰해 본다면 '지력과 재능 또는 무용(武勇)이 특별히 뛰어나 대업(전쟁 등)을 성취한 인물'의 뜻을 갖는다.

전체적으로 정리해 볼 때 영웅은 위인이 될 수 있을지는 모르나 모두가 다 성인의 자질을 지닌 것은 아니다. 또 위인의 개념 속에는 영웅의 뜻을 함축할 수는 있으나 모두가 다 성인이 되는 것은 아니다. 성인의 경우 위인과는 공통분모를 가질 수는 있으나 모두가 다 영웅이나 위인의 의미를 갖는 것은 아니다.

'리더(leader)'는 '지도자' 내지는 '통솔자'의 의미가 강하다. 어떤 단체나 조직의 방침을 결정하고 미래의 계획을 설정함과 동시에 그 단체를 목표된 방향으로 이끌어 가는 수장이나 우두머리의 뜻을 지닌다.

오늘날 정치, 사회 속에서 가장 이슈가 되고 있고 또 논쟁이 뜨거운 것 중의 하나가 '지도자론(論)'이다. 그렇다면 지도자가 지녀야 할 최고의 자질이자 덕목은 과연 무엇일까?

일반적으로 사람들은 지도자의 자질로서 권위와 능력, 정확한 판단력과 통찰력, 뛰어난 언변, 예리한 분석력과 추리력, 깨끗한 공직생활, 미래의 안목, 돌파력, 지구력과 뚝심, 나아가서는 인간관계의 원만함이라든지 또는 훤출한 외모에 이르기까지 다양한 언급을 하곤 한다.

그러나 필자가 지금까지 살아오면서 마음속에 생각해 왔던 지도자의 최고의 자질은 위에서 언급한 것들과는 다른 차원의 요소들, 다시 말해 무엇보다 '포용'과 '관용'의 성품이라 감히 주장하고 싶다.

'포용'이란 타인의 잘못을 덮어주고 그 상처를 어루만져주는 것이며, '관용'이란 남의 잘못을 넓은 마음으로 용서해 주는 것을 뜻한다.

■ ■ ■

춘추전국시대, 한창 전쟁이 빈번하던 때 초나라의 임금인 장왕이 초강대국이었던 진나라와의 일전을 앞두고 장군들의 사기를 드높이고자 성대한 잔치를 베풀었다. 밤은 깊어가고 여흥이 절정에 다다르니 장군들은 잔뜩 술에 취해 긴장이 풀어져 큰 소리로 노래도 부르고 떠들기도 하였다. 그때 갑자기 세찬 바람이 휘몰아치며 연회장의 불들을 모두 꺼버렸다. 그 순간 외마디 외침소리가 밤하늘을 갈랐다. 술이 잔뜩 취한 장수 중 하나가 평소 마음속에 품고 있던 장왕의 애첩 애희를 와락 껴안으며 입술에 키스를 하고 만 것이다. 애희는 분에 못 이겨 임금 장왕에게 큰 소리로 말했다.

"임금님! 불이 꺼졌을 때 누군가가 내게 망측한 짓을 저질렀어요. 그 자의 관에 표시를 해두었으니 빨리 잡아주세요. 네?"

그 소리에 연회장은 쥐죽은 듯 조용해졌다. 이윽고 어둠 속에서 장왕의 차분한 목소리가 들려왔다.

"방금 전 누군가 애희에게 못된 짓을 저지른 것 같소. 그러나 모처럼의 연회에 그것도 취중에 일어난 일이니 오늘은 덮어둡시다. 자! 모두 관을 벗어 한쪽에 모아놓고 마음껏 즐기도록 합시다!"

그 말이 있은 후 연회장의 불은 모두 켜졌고 연회는 무사히 잘 끝났다. 그러나 애희를 농락한 그 장수는 결국 끝내 밝혀지지 않았다.

얼마 후 전쟁은 재개되었고 초나라는 계속해서 열세에 몰림으로써 장왕이 직접 갑옷을 입고 출정하기에까지 이르렀다. 전세는 더욱 궁지로 내몰렸고 급기야 적에게 포위되는 상황을 맞게 되었다. 적의 빗발치는 화살이 왕을 향해 날아왔을 때 한 장수가 왕을 감싸 안으며 이를 몸으로 막아냈다. 그리고 외쳤다.

"임금님! 어서 이 자리를 피하시옵소서!"

장왕은 말머리를 돌려 그 자리를 벗어나고자 했고 그 장수는 죽을힘을 다해 장왕을 경호하며 그 뒤를 따랐다. 어느 안전한 숲에 다다랐을 때 그 장수는 거칠어진 숨을 몰아쉬며 임금에게 말하였다.

"임금님! 지난번 연회를 기억하십니까? 그때 애희에게 몹쓸 짓을 저지른 자가 바로 저옵니다. 임금님께서는 신하들을 비롯한 많은 사람 앞에서 창피와 수모를 당하지 않게 하셨고, 넓은 아량으로 저의 잘못을 덮어주셨습니다. 늦었지만 진심으로 감사드리나이다."

말이 떨어지기 무섭게 그 장수는 왕의 품에 안겨 숨을 거두었다.

■ ■ ■

위의 일화에서 감동을 주는 부분은 임금이 신하의 커다란 실수를 관용으로 감싸 안음으로써 그 신하는 자신의 생명을 바쳐 은공에 보답했다는 것이다.

법정스님의 법문에 따르면 관용이란 남의 허물을 감싸주는 용서를 의미한다. 또한 이러한 용서는 인간이 지닌 여러 가지 덕목 중 가장 으뜸가는 것에 속한다.

그러므로 참된 관용이란 순식간 사람의 마음을 정화시키고 맺힌 것을 풀어주며 사람들 상호간 사랑과 이해의 통로를 만들어준다. 관용과 포용을 거쳐 상대방의 상처는 치유받게 될 뿐 아니라 베푸는 자의 마음도 더욱 활짝 열게 되는 것이다.

한참 세월이 흐른 뒤인 2003년 발견된 링컨의 편지 한 통은 세상에 알려지며 사람들을 깜짝 놀라게 만들었다. 그 편지의 내용은 남북전쟁 당시의 상황에 대한 것이다.

가장 격렬했던 게티즈버그 전투가 벌어지고 있을 때 통수권자였던 링컨은 그곳 사령관이었던 미드 장군에게 남부 연합군을 격퇴하라는 작전 설명과 함께 총공격 명령의 서신을 하달하였다. 그리고 개인적으로 짧은 편지 한 통을 써 넣었다. 후에 발견된 사적인 편지의 내용은 다음과 같은 것이었다.

> "존경하는 미드 장군님! 이 전투가 성공하여 승리로 끝나면 그것은 모두 당신의 공로입니다. 그러나 만약 전투가 패하게 된다면 그 모든 책임은 나에게 있습니다. 그러니 작전이 성공하여 전투에서 승리한다면 그것은 당신의 생각이었다고 발표하십시오. 그러나 패한다면 그것은 무조건 링컨 대통령의 명령이었다고 말하십시오. 에이브러햄 링컨."

굳이 가정을 할 필요는 없겠지만 만약 전쟁에 패했다면 링컨은 온 국민의 비난에 직면하게 되었을 것이고 마침내는 현직에서 쫓겨날 수도 있었을 것이다. 그러나 온전히 마음을 비운 그는 이 모든 것을 감수하고자 하였고 영광은 부하에게 돌리고자 하였다. 그리고 실패의 책임은 자신이 분명히 질 것임을 각오하였다.

이처럼 마음속에 포용과 관용의 정신을 언제나 잃지 않았던 링컨이었기에 하늘은 그를 도왔고 늘 그의 편에 서 있었다. 이러한 그의 인품, 사랑하고 책임지고자 하는 마음, 또한 늘 자신을 낮추며 상대방을 존중하는 마음 자세가 그를 바로 세상 모든 사람들이 존경하고 사랑하는 대통령이 되게 하였을 것이다.

■ ■ ■

얼마 전 베스트셀러 순위에서 1위를 한 저서가 있었다. 그것은 다름 아닌 세상을 떠난 노무현 전 대통령의 저서 『여보, 나 좀 도와줘!』이다. 이 책을 보면 흥미를 끄는 일화 한 가지가 눈을 끈다. 사실 이 책은 선거를 위해 노무현 전 대통령이 자신의 정치 역정을 회고하며 저술한 것인데 출판 당시에는 그리 큰 빛을 보지 못했다. 출판 후 묻혔다가 10여 년이 지나, 즉 그가 세상을 떠나고 나서 유명해졌다.

당시 김영삼 전 대통령이 당총재일 때 노무현 씨는 그의 권유로 정치에 발을 들여놓게 되었고, 그의 절대적 지지를 받아 국회의원에 당선되어 정치생활을 시작하게 되었다. 그러던 그가 자신의 정치 은인이나 다름없는 당총재의 삼당통합을 야합이라 규정하고 맹렬히 공격하면서 결국은 김 총재와 결별하게 되었다. 그 이후 여러 번의 선거 참패를 맛보며 정치 현장을 떠나 있게 되었다. 그러던 어느 날 김영삼 총재가 자신을 불렀다고 한다. 혹시 총재의 큰 뜻을 헤아리지 못한 것에 대한 꾸지람이나 정치안목이 짧음에 대해 야단이라도 맞을 줄 알았는데 상황은 전혀 그렇지 않았다. 당시 아무런 힘조차 없고 정치 현장 밖에서 떠돌던 그에게 오히려 김영삼 총재는 그의 건강, 현재의 상황을 동정하며 걱정해 주었고 나아가 금일봉과 함께 인내와 용기를 잃지 말라는 격려까지 해주었다. 이에 노무현 씨는 가슴 뭉클한 큰 감동으로 눈시울을 적셨고 지도자의 자질은 뭐니 뭐니 해도 부하를 사랑하는 큰 마음, 곧 포용과 관용임을 새삼 깨달았다고 적고 있었다.

다시 한 번 강조하건대, 지도자로서 꼭 필요한, 없어서는 안 될 최고의 자질은 포용과 관용임이 틀림없다. 그러므로 포용과 관용은 그 사람의 사람됨의 '그릇'이기도 하거니와 그 사람의 인간됨을 반영하는 거울이기도 한 것이다.

사람은 누구나 크든 작든 허물과 실수를 저지르며 살아가기 마련이다. 그런데 심하게 허물을 지적받고 꾸지람을 당하게 될 때 꾸짖는 사람이나 꾸지람을 듣는 사람이나 양자가 모두 상처를 입게 된다. 그러므로 상처를 주지 않는 것도 사랑이다. 상처를 주지 않으려 노력하는 자세는 사랑의 또 다른 표현일 수 있다.

그러기에 용서와 사랑이 사라져가는 세상이 아니라 포용과 관용의 미덕을 더욱 풍요롭게 가꾸어가는 그런 세상을 만들어갈 수 있어야 한다.

잎이 지고 만물이 시드는 계절, 곧 차디찬 서릿바람이 불어오기도 할 계절, 내 생에 단 한 번뿐인 올해 가을. 그저 주위만을 돌아다보며 서성거릴 것이 아니라 내 안에 들어 있는 자비로움과 선함을 되살려봄은 어떨까? 내 안에도 감추어져 있을 아름다움의 향기를 이웃들과 나누어보면 어떨까? 분명 포용과 관용의 끝은 사랑의 또 다른 모습일 수 있기 때문이다.

> 사랑은 참고 기다릴 줄 압니다.
> 사랑은 모든 것을 덮어주고
> 모든 것을 믿으며
> 모든 것을 바라며
> 모든 것을 견디어냅니다.(고린도전서, 13장 4, 7)

여인과 망원경

1900년대 초 제1차 세계대전이 발발하기 전, 미국 중북부의 한 작은 도시에서 있었던 일이다. 그곳은 주민 대부분이 청교도들로 구성되어 있어 매우 금욕적이면서도 보수적인 전통을 고수하고, 교육 역시 엄격히 실시되고 있었다. 그런 작고 아담한 마을에 예기치 않았던 큰 사건이 터졌다.

이 마을에는 온 동네 사람들이 존경하고 따르는 덕망 높은 한 목사님이 살고 있었다. 어느 날 공교롭게도 길 건너편 목사님 사택을 마주보며 술집이 들어서게 되었다. 엎친 데 덮친 격이라고니 할까. 술집 주인은 섹시하면서도 매력이 넘치는 미모의 여인이었다.

우연한 기회에 목사는 창문을 통해 잠자리에 드는 그 여인을 보게 되었다. 그때 이후 목사는 유혹을 이기지 못하고 망원경까지 준비하여 밤이면 밤마다 그 여인을 훔쳐보았다.

어느 날 깊은 밤, 총성 몇 발이 창공을 갈랐고, 다음 날 아침 그녀의 술집 뒤편 정원 잔디밭에서 한 구의 남자 시체가 발견되었다. 그리고 시체를 조사하던 중 은밀한 곳에서 살해에 사용된 권총까지 발견되었다. 술집 주인인 여인은 즉시 구속되었다. 죽은 그 남자는 행실이 문란하기로 온 동네에 소문이 자자하였고 평소 여인을 쫓아다니며 그녀를 지겹도록 괴롭히던 그런 사람이었다.

사건의 증거가 될 수 있는 총이 그녀의 집에서 발견되었고 또 여러 정황에 입각하여 판사는 그 여인을 살해자로 지체 없이 지목하였다. 물론, 여인은 이에 불복하여 무죄를 주장하였다. 그녀는 그날 밤 평소와 똑같이 잠자리에 들었음을 호소하였다. 그 여인이 살인자가 아니라는 것을 아는 이는 단 한 사람 오직 목사뿐이었다. 그날도 여느 날처럼 목사는 그 집을 망원경으로 들여다보았기 때문이다.

그 시대는 공개재판이 진행되던 때였다. 공개재판을 앞두고 목사는 근심 걱정에 휩싸여 뜬눈으로 매일 밤을 지새웠다. 만약 여인이 죄인으로 판결이 난다면 자신은 진실에 눈을 감은 셈이 되겠고, 또 무죄를 입증하고자 한다면 일생을 존경받는 성직자로서 살아온 자신의 명망과 인격이 하루아침에 무너져 내릴 수도 있는 상황이었다. 양심의 소리와 죄의식 사이에서 목사는 한없는 고민 속으로 빠져들며 괴로워하였다.

시간은 흘러갔고 드디어 공개재판 날을 맞게 되었다. 현재까지는 뚜렷한 무죄의 증거가 없는 가운데 권총의 증거물까지 재판정에 제출된 까닭에 중죄로 판결될 것은 너무나도 뻔한 상황이었다. 재판정은 이미 시작도 하기 전에 사람들로 가득 찼다.

재판은 규정에 따라 엄중히 진행되었다. 분명하고 확실한 무죄의 증거는 나오지 않았고 재판은 점차 유죄의 확정으로 기울어져 갔다. 마지막으로 재판장과 배심원들의 심사 판결까지 모두 끝났다. 최종적으로 재판장이 선고를 내리려는 순간 재판정 멀리 한쪽 구석에서 약간은 떨리는 목소리로 큰 외침이 들려왔다.

"잠깐만요! 그 여인은 죄가 없습니다!"

그리고 벌떡 일어선 목사의 두 손에는 망원경이 들려 있었다.

■ ■ ■

인생의 삶 속에서 진실과 용기의 실체는 참으로 무엇인지를 이따금 생각해 보게 된다. 또 진실과 용기의 그 끝은 사랑과 맞닿아 있는 것은 아닐지 생각해 본다.

남들에게 외적으로 보이는 명예나 겉모습을 과감히 벗어던지고 한 여인의 생명을 구하고자 했던 그 목사의 결단과 용기, 그리고 이에 따른 사랑의 실천은 정말로 존경받아야 할 행위는 아니었는지….

참사랑이란 생명이 있는 모든 것에 최고의 가치를 두고 이들을 귀히 여기고 아끼는 마음이 아닐까? 또한 어떤 이념이나 사상을 떠나 생명 자체를 존중하는 것이고 나아가 인간성으로의 회귀가 바로 진실한 사랑으로 다가감은 아닐까? 성서의 '착한 사마리아인의 비유'에서 하느님의 마음으로 나타난 사마리아인의 용기 있는 행동이 마치 벌떡 일어나 "그 여인은 죄가 없습니다!"라고 외친 목사의 모습으로도 나타나는 이유는 무슨 까닭일까?

솥을 깨뜨리고 배를 침몰시키다

지금까지 살아오면서 스포츠 분야에 있어 많은 극적인 경기 중 가장 기억에 남는 것 한 가지를 꼽으라고 한다면 나는 월드컵 4강에 든 2002년 한일 월드컵을 선택함에 주저함이 없다. 벌써 8년이 지난 과거사가 되어버렸지만 어쩌다 텔레비전에서 가끔씩 그때 모습이 비추어질 때면 당시의 전율과 희열이 아직도 생생히 살아온다. 그리고 혼잣말로 중얼거려보기도 한다.

"그때 어떻게 저렇게 잘할 수 있었지?"

우연한 기회에 어떤 높은 자리에 계신 한 분과 대화를 하며 2002년 월드컵 이야기를 하게 된 일이 있었다. 그 어른 역시 그때의 기분을 잊지 못한 듯 약간은 흥분하여 언성을 높이며 외쳤다.

"이봐! 이봐! 홍 신부! 앞으로 말이야. 우리가 죽을 때까지 그런 경기는 두 번 다시 볼 수 없을 거야. 암 볼 수 없고말고!"

나 역시 마찬가지였다. 요즘 축구경기를 보면 한심스러울 때가 한두 번이 아니다. 과거의 현란한 경기가 가슴속에 너무 깊게 각인되어서인지는 모르겠지만 한숨이 절로 나오곤 한다. 길병원 내과과장으로 계시는 김 선생님의 말도 머릿속에 맴돈다.

"신부님! 전 요즘 국가대표 축구경기 안 봅니다. 무슨 축구를 그렇게 하는지⋯. 저는 맨체스터 팀을 비롯하여 유럽 축구는 재미있게 봅니다. 선수들 보세요. 얼마나 박진감 있고 기막힌 경기를 합니까?"

지금도 월드컵 4강 때의 우리 선수들 모습을 뉴스나 스포츠 프로그램을 통해 이따금씩 다시 접하게 될 때 요즘의 선수와 전혀 다른 느낌을 받는다. 어떻게 이렇게 차이가 날 수 있을까?

2002년 월드컵 선수들의 경우, 그동안 축구를 위해 단련해 온 최상의 몸매, 구릿빛으로 그을린 얼굴에서 불타오르는 자신감과 승부욕, 그리고 모든 것을 꿰뚫을 것 같은 투지와 용맹이 넘치는 눈빛 등⋯, 그야말로 백 퍼센트의 완벽한 최상의 상태에서 최고의 경기를 보여줄 수 있었음은 더 이상의 설명이 필요 없다. 지금도 그때의 경기를 보노라면 우리가 이길 수밖에 없었던 그 상황이 충분히 이해되고도 남음이 있는 것이다.

■ ■ ■

진(秦)나라 말엽 혼란한 시기에 있어 전쟁의 영웅들을 다루는 감동적인 일화들이 여러 가지 소개되고 있는데, 그런 것들 가운데 항우와 관련된 일화 중 '파부침주(破釜沈舟)'란 용어가 전해져 내려오고 있다. 이 사자성어는 "솥을 깨어 부수고 배를 물속에 모두 가라앉히다."라는 뜻으로 목숨을 걸고 싸우는 '결사항전'의 의미를 갖고 있다. 이 말의 유래를 다시 한 번 되짚어보자.

　　시대적 배경을 살펴본다면 당시 진나라의 장군이었던 장한이 '조왕'이라는 나라를 침범하면서 항량을 베어 죽이고 오늘날의 하북성 평향현(平鄕縣) 지방인 거록땅을 공격하게 되었다.

　　초나라의 장군이었던 영포가 이를 막아보려 하였으나 패하여 죽음을 맞게 되었고, 이에 위급함을 느낀 조왕의 장수 진여가 항우[4]에게 구원을 요청하기에 이르렀다. 이 청을 수락한 항우는 직접 출전함으로써 전쟁에 참여하게 되었다.

　　병사들이 장하(璋河)를 건넜을 때 항우는 갑자기 뜻밖의 명령을 내렸다. 곧 병사들에게 3일분의 양식을 지급하게 한 다음 모든 솥을 깨부수게 하였다. 또 타고 온 배를 모두 파괴하여 부숴 물속에 침몰시키게 하였다. 이것은 병사들이 되돌아갈 수 없음을 뜻하는 것이다. '3일분의 양식'이란 3일 후부터는 전혀 먹을 것이 없음을 의미한다. 오로지 남은 것은 싸워서 승리를 쟁취하든지, 아니면 패하여 모두가 죽는 것 둘 중에 하나만이 있을 뿐이었다.

　　항우의 병사들은 엄청난 수적 열세에도 불구하고 죽기 아니면 살기의 물불을 가리지 않는 배짱과 용맹함으로 무섭게 돌진하며 사력을 다해 싸웠다. 그 결과, 적의 주력부대를 패퇴시킴으로써 전쟁을 승리로 이끌

4　항우(項羽, B.C. 232-202): 중국 초(楚)나라 때의 무장으로 이름은 적(籍), 우는 자(子)이다. B.C. 209년 군사를 일으켜 진나라의 수도 함양을 함락시키며 진나라를 굴복시켰다. 진나라에 의제를 추대하여 왕으로 세웠고 본인은 '서초패왕'이라 자칭하였다.

었다. 그리고 이것을 계기로 하여 항우는 중원의 최고의 명장으로 등극하게 되었다.

■ ■ ■

이 이야기에서 보여주고자 하는 것은 그야말로 최선의 노력을 다하는 '결사항전'의 정신일 것이다.

이런 '파부침주'의 교훈을 우리 일상의 삶 속에서 실현시킬 수만 있다면 이루지 못할 꿈이 없을 것이다. 그런 의미에서 2002년 히딩크와 함께한 월드컵 4강의 신화는 바로 '파부침주'의 예를 보여주는 가장 적절한 예가 아닐 수 없다.

최선을 다하는 자세와 실천은 최상의 결과를 가져올 수 있는 가장 큰 밑거름이 됨을 잊지 말아야 한다.

사랑의 시험

청년 시절이란 삶의 정체성에 대하여 고뇌하는 시기이고 또 삶의 목표와 가치를 끊임없이 추구하게 되는 시기이기도 하다. 마치 어느 땐 포효하듯 요동치며 또 어느 때는 그토록 고요한 잔잔함을 갖고 있는 바다처럼 열정과 감정, 그리고 이성과 의지의 양면성을 지니고 있다.

한편, 청춘의 한 곁에 다가와 있는 누군가 내미는 보물상자 안에는 찬란하게 빛나는 황홀하고 영원한 사랑의 보석이 숨겨져 있다. 그리고 청춘들은 운명적으로 두 손에 그 보석이 잡혀 나오기를 간절히 소망한다.

▄ ▄ ▄

키셔(S. I. Kishor)의 단편소설 「사랑의 약속(Appointment with Love)」은 청춘이 꿈꾸는 영혼의 순수한 사랑을 그리고 있다. 이 소설은 영상적 감각과 흥미를 이끌어냄으로써 영화로도 제작이 되어 세계에

널리 소개된 바 있다.

　이 소설은 우리의 삶과 사랑 안에서 인간에 대한 진실성과 영혼의 성숙함이 전제되어 있어야 함을 시사해 주고 있다. 소설의 배경은 제2차 세계대전이 끝날 무렵이고 그 내용은 젊은 남녀의 순수한 사랑을 주제로 하고 있다.

■ ■ ■

　공군 조종사였던 블랜포드(Blanford) 중위가 플로리다 훈련소의 군대 도서관으로 보내진 책들 중에서 서머싯 몸의 『인생의 굴레에서(*Of Human Bondage*)』를 읽게 되면서, 그의 운명은 송두리째 바뀌게 된다. 잠깐 소설의 앞부분을 번역해 소개하면 다음과 같다.

> "맨해튼의 중앙종착역에 있는 안내소 위의 대형 원형 시계는 저녁 6시 5분 전을 가리키고 있었다. 기차 선로 방향으로부터 금방 도착한 훤칠한 키의 젊은 중위는 햇빛에 탄 그의 얼굴을 치켜들어 정확한 시간을 확인해 보기 위해 그의 눈을 가늘게 집중시켰다. 그의 심장은 쿵쿵 요동을 쳐 그 자신도 전혀 통제할 수 없었다. 이제 5분 후면 그는 지난 13개월 동안 그의 인생에 있어 특별한 자리를 차지했던 한 여자를 만나게 될 것이었다. 그동안 그 여자를 한 번도 본 적이 없었다. 그러나 그 여자가 써 보내준 글들은 그와 함께하였고 그를 굳건히 지탱케 하여 주었다."

　공군 조종사 블랜포드가 훈련소에서 처음 빌린 『인생의 굴레에서』라는 책 속에는 빼곡히 주석을 적어 넣은 여자 필체의 글들이 가득하였다. 사실 그는 책을 빌려 그렇게 자기 책처럼 무슨 주석을 기록하는 것은 본래부터 싫어했다. 그런데 그 여자의 주석 내용은 남달리 특별하였다. 어쩌면 그렇게도 자신의 생각과 똑같았는지…. 그는 그 주석을 읽어가면서 생각이 바뀌게 되었다.

그는 책 뒷장 장서표에 명시되어 있는 그녀의 전화번호를 알게 되었고 이 전화번호로 그녀의 이름과 주소를 찾게 되었다. 그녀의 이름은 홀리스 메이넬(Hollies Meynell)이었다. 그 후 그녀에게 편지를 보내며 두 사람은 서로 더 깊이 알게 되었고, 서로가 서로에게 위안과 힘이 되어주었으며 마침내 사랑으로 발전하기에 이르렀다.

그러던 어느 날 중위는 그녀의 얼굴이 보고 싶어 그녀에게 사진 한 장을 보내줄 것을 요청하였다. 그러나 그것은 일언지하에 거절되었고 그 이유는 다음과 같았다. 그 중위의 감정이 진정으로 진실되고 가식이 없는 것이라면 외모가 무슨 문제가 될 수 있겠느냐는 것이었고, 또 한 가지 중위가 단지 외롭고 고독했기 때문에 편지를 주고받은 것이라면 자신은 매우 실망할 것이라는 사실도 덧붙였다. 그러나 아직은 서로가 자유로운 상태이니 서로의 교제를 끊건 계속하건, 만나서 직접 보고 마음을 결정하자는 통보를 보냈던 것이다.

그녀는 빨간 장미꽃을 달고 뉴욕 맨해튼의 중앙종착역으로 나오기로 되어 있었다. 약속시간이 되었을 때 수많은 사람들이 그의 앞을 지나쳤다. 어떤 한 여자가 초록 양장의 멋진 차림을 하고 앞으로 다가와 속삭였다. "저랑 같이 가시지 않을래요?" 그녀는 그처럼 아름다울 수가 없었다. 날씬한 몸매, 우아하게 넘실대는 금발의 머리카락, 꽃과 같이 푸르른 두 눈, 부드러운 연분홍의 입술과 탄력 있는 두 볼…. 마치 봄이 금방 돌아온 것 같았다. 그 순간, 영혼의 떨림과 욕망의 이끌림을 느끼며 그녀에게 다가가고 싶은 간절한 충동이 일기도 하였다.

바로 그 뒤 빨간 장미꽃을 단 여인이 눈에 띄었다. 40은 거뜬히 넘은 듯한 그녀. 희어져가는 머리칼에 볼품없이 눌러쓴 낡은 모자, 이만저만 뚱뚱하지 않은 몸매, 그리고 밑에 복숭아뼈가 불쑥 튀어나온 발목은 말 그대로 낮은 구두 속에 처박혀 쑤셔 넣어져 있었다.

블랜포드는 섭섭하고 씁쓰름한 감정을 최대한 감추고 그녀에게 다가갔다. 사실 이렇게 만나기 전까지 그녀는 13개월 동안이나 자신의 정신적 동반자요, 위로자였다. 또 그토록 동경하고 사모했던 여인이어서 그 감정 또한 매우 애틋하고 깊었던 것이다. 그런데 한 가지 이상한 점은 부인은 얌전하며 상냥한 얼굴에 여유 있는 모습을 보여주었고 그녀의 푸른 눈은 인자하고 정답게 느껴졌다. 중위도 그제야 똑바로 그녀를 바라볼 수 있었다. 그리고 '어쩌면 이런 만남은 더 고귀하고 의미 있는 것인지도 몰라…' 하며 스스로를 위로해 보기도 하였다. 중위는 그런 생각에 마음에 평정을 되찾았다. 그의 손에는 그때의 그 책, 『인생의 굴레에서』가 꼭 쥐어져 있었다. 그는 다가가 정중히 말했다.

"저는 블랜포드입니다. 미스 메이넬이시죠? 이렇게 만나주셔서 참으로 기쁩니다. 같이 가서 식사라도 하셔야지요?"

그녀는 약간은 당황한 듯 놀랐다. 그리고 미소를 띠며 이렇게 대답했다.

"젊은이! 무슨 영문인지 잘 모르겠소만 금방 내 앞을 지나간 그 초록 양장의 여인이 내게 장미꽃을 달아주며 누군가를 기다리라고 했어요. 그리고 그 사람이 함께 가자고 할 때 길 건너 식당에서 자신이 기다리고 있음을 전해 달라고 했지요. 사실 무슨 시험을 보는 것 같아요. 내 아들도 둘이나 군대에 있어요."

■ ■ ■

이 소설에서 '굴레'란 일차적으로 소설 속의 언급 그대로 그를 그녀에게 결속시켜 주는 의미의 말이며 이차적으로는 순수하고 진실한 사랑이 얼마나 고귀한 것이며 중요한 것인가를 일깨워주고 있는 뜻의 용어이다.

또 한 가지 재미있는 특징은 소설의 구성상, 두 가지의 시험 또는 함정이 설정되어 있다는 것이다. 첫 번째는 메이넬이 꽃을 달지 않고 나와 최종적으로 그의 마음가짐을 시험하는 (또는 함정에 빠뜨리고자 하는) 부분이며, 또 하나는 그 나이 많은 여인을 등장시켜 정중히 식사에 초대하게 함으로써 그의 동태가 어떤지를 살펴보게 하는 부분이다. 블랜포드는 이 두 가지의 시험에 완벽하게 합격했다.

사랑의 선택에 있어서는 반드시 시험의 과정이 있다. 그것이 어떤 종류이든 간에…. 이런 과정을 거치지 않고서는 값어치 있고 보배로운 것을 쟁취할 수 없다. 그만큼 귀한 것이기에 사랑을 얻기 위한 시험 또한 험난한 것이고 혹독할 수밖에 없다. 인생에 있어서도 마찬가지다. 삶의 여정 안에서 시험과 시련은 부딪히기 마련이고, 또한 어떤 모양으로든 극복해야 할 과제들임은 틀림이 없다. 사랑을 얻기 위한 시험과 시련을 극복하는 데 있어서 염두에 두어야 할 중요한 사실은 블랜포드 중위가 보여준 것처럼 진실함과 최선의 마음으로 다가갈 수 있어야 한다는 것이다. 이럴 때 시험과 함정은 극복되고 사랑은 완성될 수 있기 때문이다.

사랑의 계산 방법은 독특하다.
절반과 절반이 합쳐 하나가 되는 것이 아니라,
오직 두 개가 모여 완전한 하나를 만들기 때문이다.

— 조 코테르트

실로 만족하지 않고 행복하지 않다면,
그런 성공이란 의미가 없다

　모든 현대인들은 성공의 삶을 지향하고 그것을 실현시키고자 최선의 노력을 다한다. 일반적으로 생각하는바, '성공'이란 '높은 지위, 명예, 경제적 여유, 그 밖에 좋은 집이나 좋은 차량을 소유함으로써 사회적 안정이나 인간적 풍요로움을 갖출 수 있음'을 의미한다.

　그래서 현실적으로 우리는 그런 '성공'을 성취시키고자 온 힘을 다하고 때로는 갖은 수단과 방법을 동원하기도 한다. 또 성공에 대한 욕망으로 들끓기도 하며 몸부림치기도 한다. 물론, 반대로 어떤 이들의 경우, 이런 것으로부터 탈피하여 세속으로부터 멀리 떨어져 인생을 관조하며 살고 싶은 생각을 하는 것도 전혀 없진 않을 것이다.

　한번 세상을 살아가는 이들의 모습을 둘러보라. 복잡하고 혼란스러운 마음을 안고 매일 이른 새벽, 사람들로 꽉 찬 지하철이나 버스에 몸을 던져 싣고 학교나 직장, 또는 일터 등으로 향한다. 그리고 하루 종일 부대끼며 정신없이 살아가고 있는 것도 어떤 의미에서는 모두가 성공을 위해 몸부림치는 삶의 모습들일 수 있다.

그런데 그런 삶의 한가운데서 좀 더 본질적으로 직면하게 되는 문제가 있다. 곧 어떤 삶이 과연 행복한 삶인가? 어떤 삶이 만족한 삶인가? 또 어떻게 사는 것이 의미 있는 삶을 사는 것인가? 그래서 궁극적으로 성공한 삶이란 어떤 것인가?

■ ■ ■

우리가 사용하고 있는 용어인 '행(幸)'과 '복(福)'이 합쳐진 '행복'이란 단어는 19세기에 걸쳐 일본의 학자들에 의해 서구의 개념인 영어의 'happiness'나 프랑스어의 'bonheur'를 번역하는 과정에서 만들어졌다. 이 말이 우리에게 전달되면서 우리 역시 일본을 따라 '행복'이라 명명하게 되었다. 일본에서는 '행복'이란 번역어를 실제적으로 사용함에 있어 매우 고심하고 한편으로는 신중을 기했다고 한다. 그 이유는 'happiness'나 'bonheur'의 어원적 배경인 기독교적 사상에 입각한 '창조주 하느님'이 인간에게 허락한 '좋은 시간'의 의미를 어떤 용어로 번역을 해야 잘 표현할 수 있을까 하는 문제 때문이었다. 여하튼 행복이란 '좋은 시간', '만족한 삶'의 의미로 해석되는 것이 일반적 경향이다.

얼마 전 영국의 민간 싱크탱크인 '신경제재단'에서 전 세계 143개국을 대상으로 '국가별 행복지수(HPI)'를 발표한 바 있다. 놀랍게도 1위를 차지한 국가는 중앙아메리카 남부 지역의 국가인 인구 백 수십만에 달하는 코스타리카였다.

북쪽은 니카라과, 남쪽은 파나마와 국경을 접하며 동쪽은 카리브해를, 서쪽은 태평양을 향해 뻗어 있다. 국토 대부분이 습지로 구성되어 있으며 커피 농사가 주 수출산업이 되고 있는 작은 영토의 국가이다.

현재 이 나라는 에너지 사용량의 99퍼센트를 재생 가능한 에너지로 충당하고 있어 '매우 친환경적이다'라고 말할 수 있다. 또한 군대가 전혀 갖추어져 있지 않기에 '평화' 그 자체인 나라이다. 만약 군사력이나 경제 규모의 측면에서 판단한다면 정말 보잘것없고 연약한, 또 남의 시선을 끌지 못하는 국가로 비춰질지 모른다. 그러나 국민들의 85퍼센트가 자신의 삶에 대해 만족하고 행복하다고 대답했다. 이 정도라면 '행복한 국가'라고 불러도 손색이 없을 것이다.

반면에 부유하고 군사력이 월등한 선진국가의 경우 대부분 행복지수가 하위에 머물렀다. 이에 신경제재단은 이런 상황을 정리하여 결론 내리기를 "국민총생산(GNP)과 같은 경제지수가 반드시 인간 삶에 있어서의 행복과 직결되어 있는 것은 아니다."라고 하였다. 여기에서 우리는 근원적인 문제 한 가지를 상정시켜 볼 수 있다. 곧, '행복한 삶이란 과연 어떤 삶일까?' 하는 문제와 나아가 행복의 기준이란 다름 아닌 '강한 군사력'이나 '경제적 파워'와 같은 상태와 필연적으로 연결되어 있지는 않다는 것이다.

결과적으로 '성공'이란 행복의 의미를 떠나 독자적으로 언급될 수 있는 말이 아니다. 즉 성취를 이루었음에도 행복하지 않고 불행해진다면 그런 성공은 반드시 문제가 있다. 그러므로 우리는 삶의 본질, 그리고 삶의 진실 그 안으로 들어가 참으로 어떤 삶을 살고 있는가를 자문해 보지 않으면 안 된다. 또한 이런 기준에 입각하여 우리의 삶을 어떻게 가꾸어가야 할 것인가 하는 점을 성찰해 볼 필요가 있다. 바로 그런 과정 안에서 해답을 찾아나가야 한다.

■ ■ ■

『조선일보』「강인선 LIVE」 칼럼은 강인선 기자가 정치인, 학자, 재즈 가수, 장관, 작가, 기업인, 소방수, 그리고 화가 등 다양한 분야에서 활동하고 있는 인물들의 인생과 그들이 추구한 삶의 목적 등을 인터뷰한 것이다. 한마디로 이에 대한 결론은 '행복하지 않은 성공은 의미가 없다'였다.

이 칼럼에서 주장하는 주제는 '남들이 좋다고 평하는 그런 인생을 살려고 하지 말고 정말로 자신이 하고 싶은, 살고 싶은 인생을 살아보라'는 것이었다. 카이스트 안철수 교수의 언급도 인용하였다. 즉 "좋아하는 일을 열심히 하다 보니 의사도 되고 기업인도 되고 교수도 되었던 것이지 무엇이 되고자 어떤 목표를 세워놓고 추구해 나간 것은 아니다."라는 것이다.

강인선 기자가 모든 칼럼 글을 종합하여 내린 결론은 "좋아하는 일을 하다 보니 성공했고 그래서 행복했던 것이다."였다. 곧 '자신들의 삶이 성공했기에 행복한 줄 알았더니, 사실은 하고 싶은 일을 기쁘게 할 수 있어 성공했다'는 뜻으로 해석할 수 있다.

흔히 이야기하듯 '성공한 삶'이든 '성공하지 못한 삶'이든, 중요한 것은 그 삶의 한가운데 행복과 만족, 그리고 평화와 기쁨이 함께 자리했느냐, 또는 하지 못했느냐 하는 것이다. 누군가 아무리 큰 '부'를 소유하고 높은 지위를 얻었다 해도 그가 두려움에 떨고 불안과 불행으로 점

철된 삶을 영위하고 있다면 솔직히 그것은 성공한 삶이라 말할 수 없다. 모름지기 '참으로 성공한 삶'이란 마음의 여유와 영혼의 자유로움이 나를 감싸 안는 삶이 되어야 한다. 그런 삶이야말로 나 자신을 그 누구도 소유하지 못한 확신과 희망으로 이끌어줄 수 있기 때문이다.

인간은 그가 몸담고 사는 사회 안에서 그가 만나는 가족, 친구, 이웃, 직장 동료 등 그들과 더불어 살아가며 크든 작든 나름대로의 연민, 사랑, 미움, 동정, 관심, 그리고 슬픔과 고통, 절망과 환희, 나아가 어떤 기쁨이나 감동 가운데서도 자신의 삶을 만들어간다. 어떻게 보면 성공이란 다양한 인간적 삶의 희로애락 안에서 이루어진다. 다시 말해 소박한 꿈 안에서 믿음과 희망의 꽃을 피워나가고 삶의 어려움과 아픔 속에서 어떤 신념과 긍지를 아름답게 키워나간다. 그런 과정 역시 성공한 삶이 될 수 있고 행복한 인생이 될 수 있다. 이렇듯 성공이란 소박하고 평범한 가운데 우리와 함께 공존하는 '그 무엇'이다.

강인선 기자가 그의 칼럼 끝에서 결론으로 던져놓은 '행복하지 않은 성공은 무의미하다'는 언급은 아마 세상에서 인간존재는 만족하고 행복한 삶을 추구해야 할 권리가 있고 또 이것들을 누릴 자유가 있다는 것과 본질적으로 맥을 같이하는 것은 아닐지….

성공을 바란다고 성공을 목표로 삼을 필요는 없다. 자기가 좋아하고 믿는 일을 하기만 하면 성공은 자연히 찾아온다.

— 데이비드 프로스트

3부 서두르지 말고, 화내지 말고, 반말하지 말고

서두르지 말고, 화내지 말고, 반말하지 말고 / 로스알데힐의 꽃길 / 지현과 영숙 /
나는 꼭 필요한 사람입니다 / 푸켓 공항에서 있었던 일 / 마시멜로 이야기에 대하
여 / 어머니의 수의와 수도복 / 마라톤과 도전정신 / 고무신 한 켤레가 어찌 두렵지
않겠느냐 / 기부 행위의 즐거움

서두르지 말고, 화내지 말고, 반말하지 말고

15년 전 뉴욕 주 롱아일랜드 그레이트 넥 성당을 방문했을 때의 일이다.

어느 날 오후 사무실 2층 사제 집무실로 들어섰을 때 전혀 뜻밖의 팻말의 글귀가 눈에 들어왔다. 지금까지 살아오면서 그런 글귀는 전혀 본 적도 없었고 따라서 그런 경험은 내겐 정말 예상 밖의 생소한 것이었다.

솔직히 그런 경험은 상식을 벗어난, 의외적인 것이었고 내겐 그저 놀라움으로 다가올 뿐이었다. 세상의 어떤 신부가 집무실 책상 위, 그것도 문에서 가장 잘 보이는 책상 위 한 귀퉁이에 "서두르지 말고! 화내지 말고! 반말하지 말고!"라고 써놓고 있겠는가.

난 아무런 망설임도 없이 "야! 이게 뭐냐? 지워버리자!" 하고 말하니 그 친구는 "안 돼! 그냥 놔둬!"라고 결연한 자세를 보이며 그것을 절대로 건드리지 못하게 하였다.

지금 생각하니 절로 웃음이 나온다. 말하자면 그 글귀는 그 자신에게 아주 확실한 반성과 결심을 촉구하는 뜻으로 써 붙인 것이었겠지만 사실상 그의 이런 행동은 은연중에 그곳 성당의 모든 신자들에게 결과적으로 엄청난 영향을 미쳤음이 틀림없을 것이다.

어느덧 나도 불혹을 넘어서서 50대 중반에 접어드는 나이가 되었다. 공자가 일컫기를 "나이 마흔이면 불혹(不惑)"이라고 하였다. 이 말의 참뜻은 나이 '마흔 살 정도가 되면 어지간한 유혹에는 현혹되지 않아야 한다'는 뜻일 것이고 한편으로 그 나이쯤이면 평정심을 유지할 수 있는 경험의 연륜도 함께 지니고 있어야 한다는 의미일 것이다.

공자의 '불혹(不惑)'을 맹자는 '부동심(不動心)'에 비유하였다. 부동심의 성취는 내면의 수양을 통해 호연지기(浩然之氣)[1]를 닦아나감으로써 얻어질 수 있다고 보았다. 그리고 부동심으로 가는 과정에 있어 가장 강조한 것은 '내면의 수양을 닦음'이었고 또한 이를 수행해 나감에 있어 가장 중요한 덕목은 '서두르지 말 것', '침착할 것', 그리고 '여유 있어야 할 것' 등 이었다.

이와 연관된 이야기를 맹자는 자신의 제자인 공손추(公孫丑)에게 다음 '발묘조장(拔錨助長)'의 고사를 통해 재미있게 전하고 있다.

맹자가 송나라의 어떤 농부의 경우를 예로 들면서 공손추에게 전해준 이야기는 다음과 같다.

'옛날(以前)' 송나라에 '성질이 매우 급한(急性子)' 한 농민이 살고

---

1 호연지기(浩然之氣)란 도의(道義)에 바탕을 두고 공명정대함을 쌓아나감으로 정의를 실천할 수 있는 힘을 기르거나 또 부끄러울 바 없는 도덕적 용기를 기르는 것을 의미한다.

있었다. '남의 손의 떡이 더 커 보인다'는 옛 속담처럼 그는 자기 논의 벼가 다른 논의 벼들보다 늘 더디 자란다고 생각하였다. 이에 급한 마음으로 온종일 논밭을 왔다 갔다 하면서 어떻게 하면 모를 빨리 자라게 할 수 있을까 이 궁리 저 궁리를 하였다. 성급한 마음이 앞선 나머지 손뼘을 펴서 크기를 재어보기까지 하였다. 그리고 싹이 거의 자란 것이 없다고 불평을 터뜨렸다.

"어떻게 하면 모를 빨리 자라게 할 수 있을까?"

골똘히 궁리하던 끝에 드디어 한 가지 묘안을 찾아냈다.

"싹을 높게 뽑아 올리면 한꺼번에 크게 자랄 것이 아닌가?"

그는 이런 생각을 곧바로 실천에 옮겼다. 그리고 한낮부터 해가 질 때까지 한 모씩 한 모씩 높이 뽑아 올렸다. 하루 종일 일에 시달린 농부는 거의 마비되다시피 한 두 다리를 끌며 집으로 돌아왔다. 그는 허리를 몇 번 두드리고 나서 대문을 들어서며 큰 소리로 외쳤다.

"오늘은 정말로 힘들어 죽겠다!"

아들이 서둘러 무슨 일이 있었는지를 물었다.

"아버지! 오늘 무슨 중노동을 하셨기에 이처럼 힘들어하십니까?"

농부는 의기양양하게 말했다.

"내가 밭의 새싹들을 모두 크게 자라게 했다."

이 말에 이상한 예감이 스친 아들이 재빠르게 논밭으로 뛰쳐나가 보니 아니나 다를까 큰 일이 벌어져 있었다. 일찍 뽑아 올렸던 새싹들은 이미 시들어버렸고 후에 뽑아 올린 싹들도 생기를 잃고 축 처져 있었다.

■ ■ ■

'발묘조장'의 본뜻은 "빨리 자라게 하기 위해 싹을 뽑아 올리다."라는 것으로 '성급히 서둘러 일을 끝내려다 오히려 일을 망치게 되는 경우'를 의미한다.

이 말의 뜻을 오늘날 우리 삶의 모습에 비추어본다면, 구체적으로 교육문제, 정치 현안, 경제정책이나 개인 사업들, 건축 사업들, 그 밖에 정신적 차원에 이르기까지, 예컨대 공동체의 일치 내지는 인격 완성에 이르는 폭넓은 영역에 걸쳐서까지 더 신중히 생각하고 또 더 정성스럽게 공과 수고를 들일 필요가 있음을 본질적으로 강조하고 있는 것이다.

우리 속담에 "아무리 바빠도 바늘 허리에 묶어서는 사용하지 못한다."는 말이 있다. 공자 또한 이르길 '욕속부달(欲速不達: 일을 서둘러 마치려 하다가 오히려 목적을 이루지 못함)'을 강조한 바 있다. 모든 일을 수행해 나감에 있어 무엇보다 서두르지 말아야 할 것이며, 언제나 숙고와 침착함을 잊지 말아야 한다.

우리 사회 안에 만연되어 있는 '빨리빨리'의 사고방식과 행동들을 우리는 다시금 깊이 성찰해 볼 필요가 있다. '빨리빨리'의 서두름 때문에 얼마나 많은 피해와 손해를 초래하고 있는가! 그래서 앞서 소개한 친구의 말이 새삼 새로워지는지도 모른다. 팻말에 새겨진 그 말.

"서두르지 말고! 화내지 말고! 반말하지 말고!"

로스알데힐의 꽃길

화창하고 싱그러운 봄날! 색색의 꽃들이 오고가는 길손들의 눈을 유혹한다. 색깔이 물들어가며 배시시 홍조를 띠고 있는 진달래, 노란 옷을 입고 있는 개나리, 점점이 박혀 있는 벚꽃들…. 너무나도 아름답고 정겨운 전경이 아닐 수 없다. 로스알데힐의 꽃길도 이런 광경이 아니었을까?

■ ■ ■

샌프란시스코의 로스알데힐이라는 작은 동네에 존이라고 불리는 우편배달부가 있었다. 그의 우체부 경력은 꽤 오래되었으며, 그는 그가 맡고 있는 약 80여 킬로미터에 달하는 거리를 오고가며 그저 무심히 기계적으로 우편물을 배달하고 있었을 뿐이었다.

뜨겁고 건조한 오후의 한때, 길은 휘몰아치는 바람으로 뿌연 흙먼지가 걷잡을 수 없이 솟아올랐다. 그 광경은 어제 오늘의 일은 아니었다. 그런데 어느 한순간 그것은 그로 하여금 전혀 뜻밖의 생각을 떠올리게 하였다. 그 이전까지는 결코 상상조차 해보지 못한 것이었다.

"어쩌면 나는 이 직업을 그만두지 않는 한 죽을 때까지 이 흙먼지를 마시며 살아가야 할지 몰라. 내 인생은 이렇게 끝나버리고 마는 것이 아닐까? 내가 살아온 삶의 의미는 무엇일까?"

마치 쳇바퀴와도 같은 삶의 반복으로부터 그는 돌파구를 찾아야겠다고 결심하였다. 지나온 삶을 되돌아보며 안타깝게 생각했던 그 우체부에게 한줄기 긍정의 빛이 속삭였다.

"이럴 게 아니라 이 황폐한 길에 꽃씨를 뿌려보자. 내 삶을 나 자신이 변화시켜 보는 거야. 내게 주어진 일과 함께 한번 삶을 아름답게 만들어보자!"

그런 결단을 내린 이후부터 그 배달부는 주머니에 꽃씨를 가득 담아 우편물을 배달하기 위하여 오고가는 길 양쪽에 꽃씨를 뿌리기 시작하였다. 장대비가 세차게 몰아치는 여름이나 기온이 뚝 떨어져 추워진 겨울에도, 그리고 바람이 불어대는 을씨년스러운 날씨에도, 또 안개가 자욱하게 낀 흐릿한 날에도…, 그는 봄, 여름, 가을, 겨울 하루도 거르지 않고 계속해서 꽃씨를 뿌렸다.

해가 거듭되면서 길 양쪽에는 드디어 꽃이 피어나기 시작하였다. 형형색색의 이름 모를 예쁜 꽃들이 고개를 내밀고 그를 반겨주고 있었다. 이제 우편물을 배달하는 날이면 그의 마음은 한없이 설레고 기뻤다.

봄, 여름, 가을, 겨울 사시사철 꽃들은 쉬지 않고 피어났다. 80여 킬로미터에 펼쳐진 그 꽃들은 거리를 아름답게 꾸며주었을 뿐만 아니라 지나다니는 사람들의 마음을 또한 풍요로움과 기쁨으로 가득 차게 해주었다.

　그의 삶은 더 이상 무료하거나 의미 없는 것이 아니었다. 한 떨기 한 떨기의 숭고함의 꽃들은 그 배달부와 그 길을 오고가는 모든 이들의 삶을 찬란히 빛내주고 있었다.

■ ■ ■

　우리는 삶의 무미건조함 속에서, 낙담과 좌절 속에서, 황막함과 허무 속에서 희망과 긍정의 길을 발견할 수 있어야 한다. 묵묵히 자신을 향해, 타인을 위하여, 그리고 자연을 향해 힘껏 두 팔을 벌려봄은 어떠한가! 우리의 영혼과 행동들이 충만함과 사랑으로 이 세상을 빛나게 해줄 것임이 너무나도 자명하지 않은가!

우리에게 중요한 일은 멀리 희미하게 놓여 있는 것을 바라보는 것이 아니라 가까이에 있는 것을 행동으로 옮기는 것이다.

— 토머스 칼라일

지현과 영숙[2]

지현과 영숙이란 친자매와 같은 두 친구가 있었다.

가정형편이 어려웠던 지현은 비록 의붓 오라버니에게 얹혀 지내는 처지였지만 그녀의 꿈은 항상 언젠가 유명한 교수가 되는 것이었다. 지현은 자신의 꿈을 포기하기보다는 차라리 죽는 것이 더 낫다고 생각하는 자아실현 욕구가 매우 강한 여자였다. 어느 날, 지현은 꿈에 대한 희망이 좌절되자 오라버니의 가족들이 여행을 떠났을 때 털끝만큼의 미련도 없이 농약을 마셔버리고 말았다.

혼자 있는 지현과 식사라도 함께 하려고 저녁거리를 준비해서 지현의 집을 찾았던 영숙은 거품을 흘리며 쓰러져 있는 친구를 발견하고 아연실색하였다. 영숙은 즉시 앰뷸런스를 불러 지현을 병원에 입원시켰다.

---

2 다음의 내용은 예수회 제병영 신부의 글 「가난한 마음을 위한 소나타」의 내용을 정리·요약하였음.

영숙은 자포자기한 상태로 말 한마디 안 하는 친구를 20일 이상 극진히 간호하였다.

  겨우 마음의 평정을 되찾고 원기를 회복한 지현을 영숙은 자기 집으로 데리고 갔다. 사이가 그렇게 썩 원만하지 않았던 의붓 오라버니 댁보다는 자신의 집이 낫다고 생각했기 때문이다. 가족 이상으로 지현을 아꼈던 영숙은 자신의 공부를 중단하고 지현의 뒷바라지를 하기로 마음을 먹었다. 영숙은 이때의 자신의 선택에 대하여 지금까지 단 한 번도 후회해 본 적이 없다고 한다.

  어차피 자기는 공부 같은 건 적성에도 맞지 않는다고 말한 영숙의 말을 곧이 믿었던 지현은 영숙의 도움으로 외국 유학의 길에 올랐다. 한참의 시간이 흐른 뒤 지현은 피말리도록 공부한 끝에 박사학위를 받았고 유학 중에 만난 번듯한 한 학생과 결혼도 했다고 소식을 전하며 달랑 사진 한 장과 몇 마디 글귀의 엽서를 함께 보내왔다. 그때 영숙은 반가움 반 섭섭함 반 한참을 울었다고 한다.

  어쩌다 걸려온 지현의 전화에 전혀 내색 없이 영숙은 숨가쁘게 오직 한길만을 보며 달려온 친구의 성취와 절실함이 눈물겹도록 가상하여 이제 그렇게 소원했던 박사도 되고 또 교수직도 얻게 되었으니 앞으로는 쉬엄쉬엄 쉬면서 살라고 격려하며 수다를 떨기도 하였다.

  이런 수다를 전화통에 대고 떠든 지 얼마 되지 않아 갑자기 지현은 어린 두 딸을 데리고 그림자처럼 영숙 앞에 나타났다. 그리고 암에 걸려 죽게 되었노라 말하면서 급기야 고개를 떨구고 말았다.

  "이렇게 일찍 죽으려고 그렇게 앞만 보며 피말리게 살았을까? 결국 이렇게 죽기 위해 생전 하늘 한 번 제대로 바라볼 새 없이 살았을까? 난 네게 갚아야 할 빚이 너무나도 많은데…, 이렇게 갚지 못할 줄 알았다면, 이렇게 죽을 줄을 미리 알고 있었다면 적어도 너를 밟고 살진 않았을 텐데…. 결국 나는 이렇게 죽기 위해 죽을 둥 살 둥 정신없이 달려온 셈이 되고 말았어!"

영숙은 아직도 그녀가 남긴 마지막 말을 잊지 못하며 암으로 세상을 떠난 지현을 가슴속에 묻고 살아간다고 한다.

오히려 사는 게 치열하여 차 한 잔 마실 틈이 없고 두 다리 쭉 뻗고 마음 놓고 잠 한 번 기분 좋게 잔 적이 없었다던 지현, 그런데 친구가 그렇게 빚진 기분으로 쫓기며 사는 동안 영숙은 새끼손톱 같던 은행잎이 연초록으로 예쁘게 돋아났다고 하며 행복해하고, 햇볕 가득한 찻집에서 한가하게 차 한 잔을 마시며 즐거워하고, 떨어지는 낙엽이 아름답다고 미소 지으며, 시리게 부는 찬바람에 겨울이 묻어 있다고 가슴 설레어한 자신이 너무나도 지현에게는 미안하다고 하였다.

이렇게 지현을 위해 자신의 꿈을 미련 없이 포기한 영숙은 언제나 타인을 위한 사랑으로 가득한 마음의 소유자였기에 그처럼 어려움에 처한 친구를 위해 부자처럼 주머니를 풀 수 있었던 것이 아니었을까? 이것이 바로 마음이 가난한 사람들의 행복의 소나타가 아니고 무엇이겠는가!

■ ■ ■

가진 것에 만족하지 못함은 물론 더 욕심을 내며, 자신의 목표, 자신의 소유만을 고집하지 않는 비움과 동정의 정신을 자주 잊기에 우리의 삶이 고단하고 힘든 것은 아닌지 돌아다볼 필요가 있다. 물질을 필요로 하되 집착하지 않으며 사랑을 원하면서도 보내는 연습을 할 줄 안다면 스스로 평화와 행복을 누릴 수 있지 않겠는가! 나아가 이 세상 안에 존재하는 그 어떤 것도 다 지나가버리는 부질없는 것이라는 사실까지 받아들일 수만 있다면 이미 우리는 부자가 된 것이나 다름이 없을 것이다. 자신은 너무나도 큰 부자라고 당당하게 말하는 영숙의 경우 이런 엄청난 비밀을 깨달았기에 언제나 행복해할 수 있었던 것은 아니었을까?

"행복하여라. 마음이 가난한 사람들! 하늘나라가 그들의 것이다."(마태오, 5장 3)라고 하는 예수 그리스도의 말씀을 실감 나게 사는 영숙에겐 언제나 향기가 나고 있는 것이다.

그렇게 비워놓은 자리 자리마다 더 좋은 것으로 '그분'께서 채워놓으시니 날마다 행복하다고 기뻐하는 영숙은 오늘 또한 가난한 마음을 위한 소나타를 연주하기에 정신없이 바쁜 하루를 보내게 될 것임이 틀림없다.

행복이란 한두 방울 자기의 몸에 뿌리지 않고서는 남에게 결코 전해 줄 수 없는 향수와 같은 것이다.

— 에머슨

나는 꼭 필요한 사람입니다

자연현상이란 실로 경이롭다. 사계절 중 유난히 봄에는 바람이 심한 듯하다. 그런 바람들은 길가에 먼지 회오리를 일으키기도 하고 또 곱게 단장한 여인의 화장과 머리카락을 엉망으로 만들어놓기도 한다. 게다가 멀리 고비사막으로부터 황사를 날라 오는 말썽을 부리기도 한다.

그런데 다른 차원에서 보면 이른 봄의 바람은 없어서는 안 될 자연의 선물이다. 모든 나무들이 새싹을 틔우기 위해 기지개를 켤 때 뿌리로부터 가지까지 물을 끌어올리기 위해서는 바람이 반드시 필요하기 때문이다. 그러기에 봄철에 바람이 유난히 많은 것은 신비로운 자연의 조화가 아닌가 싶다.

이처럼 그냥 지나쳐버리기 쉬운 자연현상도 그 안으로 들어가 가만히 들여다보면 어느 것 하나 이 세상에 없어서는 안 될 이유를 하나씩은 가지고 있다. 그 이유가 서로서로 조화를 이룸으로써 우리가 성장하고 나아가 자연이 형성되는 것 아니겠는가!

한 나그네가 시골길을 지나가다 예전에는 보지 못한 기이한 장면을 목격하게 되었다. 저 멀리서는 분명 한 사람으로 보였던 밭일 하는 사람이 가까이 다가가 보니 실은 두 사람이었던 것이다. 상황인즉 한 사람이 다른 한 사람을 등에 업고 일을 했기 때문에 멀리서는 한 사람으로 보인 것뿐이었다.

궁금함과 호기심이 발동한 나그네는 그 까닭을 묻지 않을 수 없었다.

"안 그래도 힘드실 텐데 왜 사람을 업고 일을 하세요?"

밭고랑에 서 있던 사람이 나그네를 쳐다보며 말했다.

"보시다시피 우리는 문둥병 환자들입니다."

그는 이렇게 간단히 대답하고는 밭고랑을 밟아가며 앞으로 나아갔다. 한동안 밭일 하는 두 사람을 주시하자 나그네의 의문은 모두 해소되었다. 나그네의 눈에 포착된 광경은 실로 놀라운 것이었다. 밭고랑을 딛고 서 있는 남자의 손은 형편없이 뭉그러져 쓸 수가 없는 상태였고, 등에 업힌 남자의 다리는 잘려 나가 걸을 수가 없었던 것이다. 그러니 손을 쓸 수 있는 업힌 남자는 씨를 뿌리고, 다리가 성한 다른 남자는 뿌린 씨를 두둑두둑 밟아가며 묻는 역할을 담당하고 있었다. 그들은 한 사람으로는 도저히 해낼 수 없는 일을 서로 합심하여 거뜬히 해내고 있었던 것이다.

나그네는 서로의 부족함을 채워주며 조화롭게 살아가는 두 사람의 아름다운 모습을 마음속 깊이 새겨넣으며 다시 발걸음을 내딛었다. 잠시 후 무심코 뒤돌아본 나그네는 등에 업힌 남자가 수건을 꺼내 친구의 이마를 닦아주는 장면을 볼 수 있었다. 순간 나그네는 문둥병 환자인 두 사람이 한마음이 되어 살아가는 모습에 또 한 번 깊은 감동을 받았고, 한편으로는 부끄러움에 그만 고개를 숙이고 말았다.

이 이야기에 숙연해지지 않을 사람이 있을까. 많은 것을 갖고도 모자람을 탓하며 불평했던 기억, '왜 나에게 이런 일이 생긴 걸까, 왜 다른 사람이 아니고 나인가' 하고 세상을 원망했던 기억, 더 이상 아무것도 할 수 없을 것 같은 막막함에 좌절했던 기억. 누구나 한 번쯤 가져보았을 불평과 원망과 좌절의 기억에 저절로 자신을 돌아보게 될 것이다. 봄날의 불청객인 황사바람조차 우리에게 쓰임이 되듯 세상에는 필요 없이 존재하는 것이 아무것도 없다.

용혜원 시인의 시처럼 "나는 꼭 필요한 사람입니다."라고 큰 소리로 세상을 향해 외쳐보자. 그리고 내 안에서 분명히 존재할 어떤 작은 쓰임 하나를 세상에 펼쳐 보임으로써 진정 '꼭 필요한 사람'임을 입증해 보자.

푸켓 공항에서 있었던 일

2008년 11월 동창 친구 몇 명과 함께 은경축 기념으로 태국의 푸켓 섬 여행을 다녀오기로 계획하였다. 22일에 태국 스완나붐 국제공항에 도착해서 짐을 찾을 때만 해도 공항 내 분위기로 보나 뉴스의 내용으로 보나 전혀 문제될 것은 없었다.

출국 전 국내에 보도된 바로는 탁신 전 총리와 이를 지지하는 현 정부의 총리를 비롯한 고위 각료 퇴진 데모는 산발적으로 일어나고 있는 정도로만 알려졌다. 그 이상의 별다른 징후는 없었고 그래서 곧 안정을 되찾겠지 생각하였다.

혹시나 노파심으로 여행사에 문의를 해본 결과 "11월부터는 성수기이기 때문에 비행기 자리가 없어 발을 동동 구르는 사람이 태반"이라는 소식만 듣게 되었지, 태국 현지의 위험성이나 경고적인 주의사항에 대해서는 전혀 언급조차 하지 않았다.

별 탈 없이 방콕에서 하루 일정을 소화한 다음 그 이튿날, 푸켓으로 떠나기 위해 스완나붐 공항으로 가던 중 전혀 예상치 못했던 '광경'을 목격하게 되었다. 수천 명에 달하는 시위대가 부정부패 타도와 척결을 외치며 고속도로를 꽉 채워 공항으로 행진해 가고 있었다. 공항을 점거하기 위해서였다. 그들의 통일된 노란색 셔츠의 물결은 마치 성난 바다의 파도를 보듯 그야말로 엄청난 광경을 이루었다.

드디어 푸켓에서의 일정을 마치고 떠나는 날, 푸켓 한인 식당에서 마지막 식사를 할 때 현 시국의 상황이 얼마나 심각해져 있는지를 처음으로 깨달을 수 있었다. 방콕 공항은 이미 폐쇄되었고, 많은 여행객들은 지방 공항이나 파타야에 있는 군인 공항을 이용한다는 소식을 듣게 되었다. 한국 여행객들의 경우도 대한항공이나 아시아나항공에서 추가로 편성된 특별기 편으로 파타야나 지방 공항 등에서 쉴새없이 실어 나르고 있었다. 텔레비전에서는 긴급 보도로 수많은 사람들이 버스 편으로 푸켓에서부터 파타야 군인 비행장까지 이틀이나 사흘에 걸쳐 꼬박 밤을 새워가며 이동하고 있는 모습을 보여주기도 하였다.

공항은 그야말로 적체되는 인파로 인산인해를 이루고 있었고, 이는 마치 전쟁 때 피난 행렬을 방불케 할 정도였다. 그럼에도 사람들은 계속 몰려들었고 공항은 걷잡을 수 없는 아수라장과 혼란스러움 그 자체로 바뀌어갔다.

공항 안은 각 나라 사람들로 북새통을 이루었고 계속 인파가 넘쳐흘러 발디딜 틈조차 없었다. 피난민들의 아비규환의 모습 그 자체였다. 벌써 3일째 혹은 4일째에 걸쳐 떠나지 못하고 호텔에서 공항으로 왔다 갔다를 반복하는 한국인들도 부지기수였다.

나는 위층의 타이항공 사무실을 찾았다. 자세한 상황을 파악한 결과

타이항공사에서 긴급으로 특별 전세기를 투입하여 그 비행기는 방콕 스완나붐 국제공항을 거치지 않고 푸켓에서 한국으로 직항하게 될 것이라고 하는 정보를 직접 듣게 되었다. 이를 우선 사람들에게 정확하게 알려야 했고, 또한 사람들의 마음을 차분히 가라앉혀줄 필요가 있었다.

잠시 시간이 지나 출국 데스크에서 여권과 비행기표를 받기 시작하자 사람들은 줄도 서지 않고 몰려드는 바람에 무질서와 혼잡함이 절정에 다달았다. 거기에다가 현지 가이드와 단체 여행객들이 앞뒤 없이 새치기를 자행하니 줄은 줄어들지 않으면서 서로의 감정들만 점점 격해지기 시작했다. 누군가의 통솔이 절실히 필요한 상황이 되었다. 이때 얌전히 기다리던 우리 친구들 중 하나가 나섰다. 그리고 큰 소리로 외쳤다.

"여러분! 질서를 지킵시다! 질서를 지켜야 합니다. 부끄럽지도 않습니까? 누구 한 사람 전체를 안내할 용기 있는 사람이 있으면 앞으로 나오시고 우리는 그의 말을 잘 따르도록 합시다!"

그의 언성 높은 질책에 여행객들은 조용해지면서 질서를 되찾는 듯했다. 그렇다고 혼란함과 번잡함이 아주 없어진 것은 아니었지만 그런 와중에서도 우리 300여 명의 한국 여행객들은 무사히 출국 수속과 심사를 마치고 게이트 안으로 들어와 비행기를 기다리게 되었다. 그리고 탑승시간을 기다리는 동안 어떤 사람들은 카드나 게임을 하기도 하면서 여유를 찾고 또 어떤 이들은 쇼핑을 하기도 하면서 모든 상황이 평화를 찾고 순조로워지는 듯하였다.

그러나 그런 여유로움도 잠시뿐 약속된 비행기는 몇 번의 연기를 거듭하더니 끝내는 연기 소식조차 끊어지고 말았다. 그리고 이어서 중간 중간 접하는 소식도 절망적이었다. 문제가 풀리기는커녕 소요 사태가 악화일로로 치닫고 있었다.

이런 긴박한 상황 속에서 계속적으로 우왕좌왕할 것이 아니라 이제는 누군가 한 사람이 나서서 일괄적으로 질서 있게 문제를 잘 수습할 필요가 있었다. 순간 나는 무슨 의협심이 발동했는지 여태까지 개입하지 않았던 그 사태 속으로 덜컥 끼어들게 되었다. 그리고 이때부터 본격적으로 한국 관광객들을 인도하게 되었다. 우선 우리는 30대 안팎의 대표를 한 사람 뽑아 창구 역할을 맡도록 하였다. 또한 그로 하여금 수시로 게이트 카운터의 마이크로 상황에 대한 설명을 내보내며 여행객들을 안심시키기로 하였다.

상황은 계속 악화되었고 전혀 진전의 기미가 보이지 않자 엎친 데 덮친 격으로 이상한 소문까지 퍼지며 300여 명의 탑승 대기자들은 의견이 갈리며 분위기도 거칠어지기 시작했다. 전체의 흐름과 정황을 파악하고 한국인들을 이끌고 가기로 한 이상 우리는 타이항공사의 직원들과 부지런히 정보를 주고받으며 그때그때의 상황을 방송으로 알렸다.

밤 열두 시가 지나자 항공편은 완전히 끊겼고 실낱같은 귀국 희망까지 사라지고 말았다. 그리고 모든 스케줄은 다음 날로 넘어갔다. 어떤 예정된 기약도 없었다.

시간이 흐르니 여기저기 쓰러져 잠자는 사람들이 눈에 띄기 시작했다. 우리도 면세점 빈 박스와 신문지를 얻어다 게이트 한쪽 구석에 깔고 잠을 청했다. 지금까지 살아오면서 공항 게이트 내에서 이렇게 요 대신 박스를 깔고 이불 대신 신문지를 덮고 자보기는 난생 처음이었다.

다음 날, 예정되었던 비행기가 또 도착하지 않자 300여 명 여행객들의 항의가 빗발쳤다. 난감한 상황이었다. 설상가상으로 담당 직원의 말인즉 모두 여권을 맡기고 준비된 버스로 시내의 지정된 호텔로 돌아가라는 것이었다. 그리고 거기에서 소식을 기다리고 있으라는 것이었다. 우리가 대표를 시켜 이를 방송하자 불평불만은 더욱 고조되었고 험악한 상황으로 변해 갔다. 청년 대표를 비롯하여 여러 방도로 진정을 시키고자 노력했지만 별 효과가 없었다. 어느 때는 내가 직접 나서서 설명을 하기도 하였다. 가능한 한 냉정을 잃지 않고 차분하면서도 여유있게 대처해 나가고자 신경을 집중하였다.

타이항공사 직원의 말에 따라 모두들 여권을 맡기고 시내 호텔로 가야 했지만 처음엔 아무도 호응하지 않았다. 오히려 여권을 맡기면 볼모로 잡히게 된다는 둥, 나중에 귀국할 때 어려움이 있을 수 있다는 둥, 또 귀국할 수 없게 될지도 모른다는 둥 반대 의견도 만만치 않았다. 결국 내가 먼저 나설 수밖에 없었다. 난 이렇게 호소하였다.

"난 전에도 여권을 맡기고 다시 돌아와 무사히 비행기를 탄 적이 있습니다. 내가 먼저 나갈 테니 나를 믿고 따라주면 고맙겠습니다."

이 말을 끝내고 나는 친구들과 함께 여권을 맡기고 신분조회를 마친 다음 미리 준비된 버스를 향해 걸어 나갔다. 그러자 우르르 많은 사람들이 여권을 맡기고 우리를 따라 나섰다. 한편으로는 뜻을 같이해 주는 것이 기쁘기도 했고 큰 힘이 되기도 하였다. 우리는 지정된 호텔로 돌아가 공항의 연락을 기다리며 휴식을 취하였다.

뉴스를 보니 마침내 태국 정부의 총리를 비롯한 모든 내각이 총사퇴를 발표하였고 무장한 군대들도 철수를 하면서 극한 대치의 상황은 최대의 난관을 넘기고 있었다. 그러나 무장한 군인들이 언뜻언뜻 보이는 방콕 국제공항은 여전히 폐쇄된 상태였다.

호텔에서 정오를 맞을 무렵, 공항으로부터 애타게 기다리던 연락이 왔다. 특별 전세기가 곧 도착할 예정이니 보내는 버스로 모두 공항으로 오라는 것이었다. 우리는 서로서로 소식을 전해 주며 빠진 사람이 없는지 최종 확인을 한 다음 공항으로 향했다. 공항에 도착하니 이젠 얼굴이 알려져 반갑게 인사하는 사람들이 꽤 있었다. 이렇게 또 만나게 되니 무척 반가웠다.

우리는 출국 때의 무질서와 혼돈의 모습과는 달리 차분히 질서를 지키며 여유 있는 마음으로 여권과 좌석표를 받아 비행기 트랩으로 올랐다. 지정된 좌석에 앉았을 때 비로소 안도의 한숨이 터져 나왔다. 그리고 쌓였던 긴장이 풀리며 피곤이 엄습하였다. 마침 지나가는 승무원에게 물었다.

"몇 시에 식사가 나오지요?"

"우리도 모르겠는데요. 우리도 오늘 아침 별안간 이쪽으로 가라고 해서 엉겁결에 온 것뿐인데….."

"그럼, 물은 주나요?"

"예! 물은 드립니다. 그런데…, 참! 아까 알아봤는데 비행기에는 먹을 것이 아무것도 없다는데요."

우리는 맹물을 한 잔씩 얻어 마신 다음 의자를 뒤로 제쳤다. 그리고 담요를 정성스럽게 끌어 덮은 다음 눈을 감았다.

이번의 체험들이 주마등처럼 떠오르며 어떤 땐 당혹감에 또 어떤 땐 자기실망감에 한없이 빠져들어 갔다. 학교에서는 스승으로서, 또 교회 안에서는 사제로서, 사람은 늘 정직해야 하고 의로워야 하며 또한 서로 나누고 서로 존중하며, 그리고 서로 사랑해야 한다고 가르쳐왔다. 그런

데 무자비하게 남을 밀쳐내는, 서로 먼저 가기 위해 치고받고 발버둥친 한없이 부끄러운 그 행동이란…. 어쩌면 그것은 우리 본연의 모습일지 모른다.

그럼에도 불구하고 그런 치부 속에 감추어진 한줄기 희망도 감지하였다. 마치 길을 찾아 헤매다 눈에 띈 아름다운 꽃 한 송이를 만난 것처럼…. 결국에 가서 우리는 서로 양보하고, 협력하고, 또 서로 희생함으로써 그 위기를 잘 극복해 냈던 것이다.

인간이란 본래 양면성을 지닌 존재이다. 상황에 따라 악한 영혼의 모습이 보이기도 하고 또 선한 영혼의 모습이 나타나기도 한다. 바로 이런 존재가 다름 아닌 우리 인간들인 것이다. 인간에게 있어 진정한 아름다움이란 과연 무엇일까? 그것은 선한 영혼의 모습을 찾아가는 긴 여정의 길일지 모른다.

아마도 눈을 뜨면 한국의 인천공항일 것이다.

이번 여행은 참으로 긴 여행이었으면서도 특이한 여행이기도 하였다. 어쩌면 앞으로 일생 동안 이런 여행은 하지 못할 것이다. 한편으로 경험해서는 안 될 여행이기도 할 것이다.

그럼에도 불구하고 되돌아보면 아주 오래오래 기억에 남을 잊지 못할 여행이기도 하다. 아마도 긴 시간이 흐른 뒤에는 살며시 입가에 미소를 짓게 할 그런 추억의 여행이 될 것이 틀림없다.

마시멜로[3] 이야기에 대하여

몇 년 전 한 학생으로부터 『마시멜로 이야기』라는 책을 선물로 받은 적이 있다. 그때는 바쁜 와중이어서 대략 훑어본 후 한쪽 구석에 놓아 두었는데 어느 날 우연한 기회에 그 책을 찬찬히 읽어보게 되었다.

■ ■ ■

책 속에서 조나단이 찰리에게 들려준 '마시멜로 실험'이란, 사실상 미국 스탠퍼드 대학의 월터 미셸 박사가 스탠퍼드 대학 심리학과 부설로 세워진 빙(Bing) 유치원의 네 살짜리 653명의 유아들을 대상으로 실시한 '마시멜로 실험'을 토대로 한 것이다.

---

3 어린이들이 매우 좋아하는 솜사탕처럼 부드럽고 말랑말랑한 캔디의 종류.

1966년에 실시된 '마시멜로 실험'은 대략 다음과 같다.

연구원이 네 살짜리 꼬마들에게 마시멜로, 쿠키, 그리고 프레첼을 내놓으며 그 중 하나를 고를 것을 제시했을 때 대부분 유아들은 마시멜로를 골랐다.

다음 단계로 "지금 마시멜로를 먹는다면 한 개만 먹을 수 있고, 15분을 기다릴 수 있다면 두 개를 먹을 수 있다."는 상황을 설정하였다.

구체적으로 실험에 등장한 네 살짜리 캐럴린 와이즈는 15분을 참았고 그리고 그의 오빠 크레이그는 15분을 기다리지 못하고 바로 먹고 말았다.

실험에 참가한 모든 인원 중 15분 이상을 기다린 어린이는 대략 30퍼센트에 불과했다. 70퍼센트에 해당하는 어린이들이 30초도 채 지나지 않아 마시멜로를 먹어버렸다. 전체 어린이들의 총 평균 기다림 시간은 3분 정도였다.

실험 이후 15년이 흐른 1981년, 아주 놀라운 사실들이 입증되었다. 마시멜로 실험에서 '기다린 그룹'과 '기다리지 않은 그룹'을 대상으로 문제해결 능력, 계획수행 능력, SAT(수능시험) 점수 등을 조사·비교하였다. 그 결과, 15분을 기다렸던 아이들의 SAT 성적은 30초를 넘기지 못한 아이들보다 무려 210점이나 높았다. 그리고 가정과 학교를 비롯한 모든 분야에 걸쳐 매우 우수하다는 것도 확인되었다. 실험 결과, 인종이나 민족에 따른 차이는 거의 없었다. 지능지수보다도 더 정확한 실험임이 증명되었다.

이들이 성인이 된 상태에서는 어떤 결과가 나왔을까? '기다린 그룹'은 현재에도 성공한 중년의 삶을 살고 있었으며 '기다리지 않은 그룹'

은 약물중독, 비만 등의 여러 문제들에 시달리고 있음이 발견되었다. 구체적인 예를 든다면 위에서 언급한 캐럴린 와이즈의 경우 명문 스탠 퍼드 대학을 졸업하였고 프린스턴 대학에서 사회심리학 박사학위를 받 았으며 현재 퓨젯사운드 대학의 교수로 재임 중에 있다. 오빠 크레이그 의 경우 동생과는 현저하게 다른 삶을 살고 있음이 입증되었다. 곧 세 상에 해보지 않은 일이 없는 막일, 막노동의 삶을 살고 있는 것이 밝혀 진 것이다.

　전체적으로 '마시멜로 실험'이 우리에게 주는 교훈은 대략 두 가지 정 도로 요약된다.

　첫째, '욕구 조절' 내지는 '참을성'의 능력의 관점이다. 이것은 자신 의 어떤 욕구나 감정을 무조건 이유 없이 억제하라는 것이 아니라 더 큰 목적을 위하여 작은 사소한 욕구들은 여건에 맞게 절제해야 한다는 것 을 뜻한다. 이는 선택의 기로에 섰을 때 기다림을 선택한다거나, 또는 더 나은 것을 얻기 위한 사려 깊은 숙고의 의미로도 해석할 수 있다.

　둘째, '자기통제'의 능력의 관점이다. 앞뒤 또는 선후의 상황을 더 잘 판단할 수 있는 능력을 뜻한다. 곧 해야 할 것과 하지 말아야 할 것을 구 별할 줄 알고 실천할 줄 아는 분별력을 의미한다. 욕구 조절의 능력과 전혀 무관하지는 않으나 전자는 조절과 참을성의 관점이고 후자는 자 기통제인 판단에 따른 결단과 실천의 영역이다.

■ ■ ■

　우리는 인생을 살아가면서 늘 삶의 기준을 어디에 두어야 하는가에 직면한다. 아울러 이것은 우리의 삶 속에서 전혀 피해 갈 수 없는 선택의 문제이기도 하다. 예를 들어, 오늘 점심으로 비빔밥을 먹을 것이냐 또는 돈까스를 먹을 것이냐에서부터, 국내에서 공부를 할 것이냐 또는 외국 유학을 할 것이냐, 이민을 갈 것이냐 또는 국내에 남을 것이냐, 경제에 투신할 것이냐 아니면 정치에 투신할 것이냐, 비즈니스를 성공의 목표로 할 것이냐 아니면 국가 공무원을 성공의 목표로 할 것이냐 등등…, 삶이란 언제나 선택으로 연결된다. 나아가 삶의 기준과 목표를 어디에 두고 어떻게 살았느냐에 따라 '성공한 사람들'과 '성공하지 못한 사람들'로 구분될 수 있을 것이며, 따라서 그들의 삶의 형태와 모습 역시 달라질 수 있는 것이다.

마시멜로의 실험에서 입증된 것으로부터 우리가 깨달아야 할 것은 무엇보다 어떤 한순간의 유혹 또는 욕구를 절제함으로써 조절과 통제의 능력을 배양하고자 노력해야 한다는 것이다. 운전수 찰리가 사장 조나단의 말을 듣고 '마시멜로'의 깨달음을 터득해 나갔던 것처럼….

바로 이런 깨달음을 통해 자기극복, 자기통제로 나아갈 수 있고, 인생의 참된 가치와 진정한 성공의 목표를 이룰 수 있기 때문이다.

어머니의 수의와 수도복

．

성서의 창세기에 보면 그 시대에 있어 '흠 없고 그토록 착한 사람(the only good man)'이었던 '노아'는 앞으로 있을 인류 멸망을 대비하여 엄청나게 큰 방주를 만든다.

이유인즉 세상의 멸망으로부터 살아남기 위해서이다. 당시 세상은 타락할 대로 타락해 있었다. 또 온갖 악행과 폭력이 난무하여 차마 눈 뜨고 볼 수 없는 지경에까지 이르고 말았다. 이에 하느님의 진노는 하늘에까지 이르렀고 홍수로 세상을 모두 없애버리기로 마음먹었다. 그리고 이렇게 탄식하였다. "사람뿐만 아니라 짐승과 기어 다니는 것들과 하늘의 새들까지 모두 쓸어버리겠다. 내가 그것들을 만든 것이 후회스럽구나."(창세기, 6장 7-8)

인간들이 하느님의 마음을 헤아리지 못하고 타락의 길을 치닫고 있을 즈음 노아는 후일에 있을 홍수의 파멸을 대비하여 거대한 배를 제작하게 되었고, 마침내는 그 안에 들어가 노아와 그 일가, 그리고 한 쌍의 모든 동물들과 기타 생명체 등의 목숨을 구원할 수 있었다.

어머니께서 돌아가신 지 어느덧 8년의 시간이 흘러갔다. 그분에 대한 여러 가지 추억 중 한 가지 기억에 남는 것이 있다.

살아 계실 때 어느 날 어머니는 나를 당신 방으로 데리고 들어가 서랍장에서 보자기로 곱게 싼 옷가지를 꺼내셨다. 그리고 그것을 풀어 보여주시며 진지하게 말씀하셨다.

"신부님! 이것은 서울에서 천을 구해다가 내가 직접 만든 베옷인데, 내가 죽거든 꼭 입혀주세요. 그리고 또 다른 이 옷은 삼회의 수도복인데 베옷 위에다 이것도 함께 꼭 입혀주세요!"

난 깜짝 놀랐다. 전혀 예상치 못한 상황에 직면하게 되었기 때문이다. 한순간 숨이 멎는 듯했다. 베옷은 잘 다려져 예쁘게 개켜져 있었고 밤색의 삼회의 수도복도 함께 곱게 정돈되어 있었다.

어머니께서는 평소부터 앞으로 있을 죽음을 생각하셨고 이를 대비하여 차근차근 남모르게 준비해 오셨다. 당신 입장에서 이제는 장남이면서 또 사제이기도 한 내게 꼭 말해야만 한다고 생각하셨던 것이다. 그 이후에도 그 옷들은 몇 번에 걸쳐 더 볼 수 있는 기회가 있었다.

그로부터 몇 년 후 어머니께서 돌아가셨을 때 가족들은 어머니의 유언에 따라 당신이 손수 지으신 베옷과 삼회 수도복을 정성껏 입혀드렸다.

■ ■ ■

춘추전국시대에 유래된 사자성어로 '거안사위(居安思危)'란 말이 있다.

이는 진나라의 대쪽 같은 장수였던 위강이 도공에게 다음과 같이 건 넨 말에서 유래되었다.

"지금 여러 나라를 하나로 단결시킬 수 있었던 것은 공의 공로였습니다. … 그러나 지금 한 말씀만 더 드린다면 편안하고 즐거울 때 장차 도래할 위기를 반드시 생각하셔야 합니다(居安思危). 우리 진나라에도 언제 어떤 위기가 닥칠지 아무도 모릅니다. 그때를 지금 꼭 대비하셔야 합니다."

다시 한 번 설명을 한다면 "편안할 때 위기를 생각한다."는 뜻이다. 즉 안락하고 좋은 시절 또는 좋은 상태에 머무를 때 언제 닥칠지 모르는 미래의 위기와 침체 또는 어려움의 시간을 미리미리 잘 준비해야 한다는 뜻이다.

■ ■ ■

오늘날 분초의 시간을 다투는 스피드와 디지털 기술의 첨단산업화, 풍요로움이 넘쳐나는 물질주의 그리고 눈부시게 발전해 온 과학문명의 시대 속에서 눈앞의 이익에만 급급하여 주위를 살피지 못하고 오로지 앞만 바라보며 달려온 우리에게 있어 '거안사위'의 정신을 일깨우고 '멀리 내다볼 줄 아는 지혜'를 갖춤은 그 어느 때보다 절실하다 아니 할 수 없다. 우리는 이 가르침을 그 어느 때보다 귀담아 들어야 할 것이다.

중국 은나라 시대 신하 부열은 임금 고종에게 어진 정사를 이룩하기 위해서 다음과 같은 정책이 절대적으로 필요함을 간언하였다.

"모든 일에 있어서는 꼭 갖추어야 할 것이 있는 법이니 그 갖춘 것이 준비되어 있을 때 근심 걱정이 사라지게 되는 것입니다(有備無患)."

성서의 마태오 복음 24장 44절, 25장 13절에 보면 예수의 다음과 같은 말이 나온다.

"그날과 그 시간은 아무도 모른다. 그러니 항상 깨어 있어라. 너희는 항상 준비하고 있어야 한다."

우리는 '거안사위'의 정신으로 현실을 정확하게 직시하고 예리하게 분석하여 끊임없이 미래를 대비할 줄 알아야 한다. 언제든지 만반의 준비를 갖추어놓고 있다면 어떤 처지에 놓인들, 어떤 상황과 부딪힌들 과연 무엇이 두렵겠는가!

노아가 방주를 만들어 앞으로 닥칠 위기를 지혜롭게 대비했던 것처럼…, 생전에 죽음을 대비하여 수의와 삼회 수도복을 미리 준비해 놓았던 어머니의 마음과 지혜처럼….

인생은 자전거를 타는 것과 같다. 계속 페달을 밟는 한 넘어질 염려는 없다.

— 클라우드 페퍼

마라톤과 도전정신

어차피 삶이란 도전과 선택의 과정이고 시행착오의 연속이다. 예컨 대, '잘 아는 길' 또는 '가보았던 길', '정리가 잘된 도로' 또는 '평탄하 고 넓은 길'을 선택한다고 하는 것은 위험이나 실패는 막을 수 있을지 모르나 전율과 성취감은 매우 미미할 것이다.

'아무도 가지 않았던 길', '지도에조차도 나타나지 않는 길', 그리고 '험난하고 가파른 좁다란 길'을 선택한다고 하는 것은 미래에 대한 불 확실성과 위험요소들을 각오해야 한다. 그럼에도 불구하고 이에 대해 불굴의 도전정신과 진취적 패기로 맞선다면 그것은 우리에게 가슴 벅 찬 환희와 기쁨, 그리고 무한한 성취감과 인생에 있어 새로운 가치를 맛보게 해줄 것이다. 물론, '도전하면 이룰 수 있다'는 자신감도 함께 갖게 해준다.

그러므로 우리에게 주어진 한 번뿐인 삶 속에서 위험을 회피하고 안 정을 추구하기보다는 도전을 향하여 모험을 시도해 보고자 함은 큰 의미가 있다. 그런 삶이 후회 없고 미련이 없는 인생을 사는 것이 될 수도 있기 때문이다. 또 다른 관점에서 언제나 '안정'만을 선택하는 길은 솔직히 삶의 짜릿한 변화와 새로운 기쁨은 가져다줄 수 없다.

■ ■ ■

4년에 한 번씩 열리는 올림픽 경기에 있어 마지막 피날레는 다름 아닌 '마라톤'이다. 올림픽의 마지막을 마라톤으로 장식하는 데는 그만한 이유가 있다. 마라톤은 '인간 능력의 한계를 시험하고 이에 도전하는 최고의 경기'이기 때문일 것이다. 장장 42.195킬로미터를 한 번도 쉬지 않고 끝까지 최선을 다해 뛰어가는 자기와의 치열한 싸움을 상상해 보라. 이것이야말로 엄청난 자기극복의 과정을 보여줌이 아니고 무엇이겠는가!

이런 마라톤을 주제로 한 가슴 뭉클한 감동적인 영화들도 많았다. 그 영화들이 가슴 벅찬 감동과 환희를 선사할 수 있었던 것은 인간의 한계에 도전하는 도전정신과 승리가 너무나도 아름다웠기 때문이다.

황영조나 이봉주처럼 유명한 선수는 아니지만 달리고 또 달리는 마라톤의 달인으로서 심재덕이란 사람이 있다. 그는 '서브쓰리' 100회를 가장 먼저 달성한 대한민국 1호 아마추어 마라토너이기도 하다. 그에 대한 보도를 통해 '서브쓰리(sub-three)'가 무슨 뜻인지 처음 알게 됐다. '서브쓰리'란 마라톤 풀코스를 세 시간 이내로 완주하는 것을 의미한다. 정식 훈련을 받은 엘리트 선수도 아니고 단지 마라톤 동호인의 한 사람으로서 일반인이 평생 한 번도 이룩하기 힘든 — 고백건대, 나 역시 단 한 번도 마라톤 풀코스를 달려본 적이 없다 — 그런 마라톤에 있어 서브쓰리 100회를 돌파해 120회를 바라보고 있다고 하니 이는 참으로 상상조차 하기 힘든 일이다. 지난해 8월 사천 노을 마라톤대회에서 2시간 29분 45초를 주파했으니 이 기록은 거의 프로 마라톤 선수의 수준이라고 할 수 있다.

심재덕 씨는 천부적으로 타고난 마라토너는 아니었다. 그가 자신의 직업을 '평범한 회사원'이라고 적고 있듯이 처음엔 평범한 사람이었고 나아가 남모르는 장애까지 가지고 있었다. 다름 아니라 폐활량은 보통 사람의 70퍼센트에 불과했고 기관지 확장증[4]의 장애까지 갖고 있었다.

처음에 이를 치유하기 위해 달리기를 시작했다. 운동을 시작한 초기에는 뛰기만 하면 가슴이 터질 듯 답답했고 툭하면 코피를 쏟았다. 그런 와중에도 어떻게 해서든지 몸속 장애를 이겨내야만 했고 건강해지기 위해 무조건 달려야만 했다. 6개월, 그리고 1년, 2년이 지나면서 살기 위해 달리기 시작했던 마라톤은 시간이 지나면서 자신도 모르는 사이에 그의 병을 감쪽같이 치유해 주었다. 그리고 17년이 지난 지금 그는 신체적 한계를 극복한 것은 물론, 절망적이었고 암담했던 그의 인생을 희망과 승리의 삶으로 변화시켜 놓았다.

어떤 해에는 20차례 이상의 풀코스를 완주하였고, 한 달 사이에 무려 4개 대회 풀코스에서 전부 우승을 쟁취하기도 하였다. 구체적으로 2008년 5월 10일 대구 금호강 마라톤대회에서 우승한 뒤 그 이튿날 보성 녹차 마라톤대회에서도 우승하는 괴력을 발휘하기도 하였다. 같은

---

4 기관지 확장증이란 기관지가 둥글거나 길게 늘어난다든지, 또는 주머니처럼 늘어난다든지 하여 그 속에 세균이 침투함으로써 염증을 일으키게 되는 병을 말한다.

달 24일, 25일 연이어 이천 마라톤대회와 수안보온천 마라톤대회에서 우승을 거머쥐었다.

그는 이에 만족하지 않고 일반 마라톤이 아닌 산악 마라톤과 울트라 마라톤에도 도전장을 던졌다. 2005년 일본에서 주최한 100킬로미터에 해당하는 MMT 100마일 산악 마라톤대회에서 우승함으로써 해외에까지 명성을 떨쳤고, 그렇게 그는 자신의 활동 범위를 넓혀 나갔다.

그의 삶은 어떻게 보면 주위의 평 그대로 괴력을 발휘하는, 인간의 이성으로는 판단하기조차 어려운 도전들을 성공적으로 극복해 냄으로써 도전정신의 산 모델이 되었다.

현재 그는 그가 받은 상금과 유명세를 기초로 마라톤 꿈나무를 후원하면서 '마라톤 전도사'의 역할을 훌륭히 수행해 내고 있다. 그의 말인즉, "이제부터는 나 자신을 위해 뛸 것이 아니라 어려운 환경에 처한 어린이들에게 희망을 주기 위해 계속 뛰겠다."

세계적인 발레리나로 우뚝 선 강수진 씨는 성남 아트센터에서 성남시 중고등학생들에게 한 특강에서 "나는 남이 아닌 나 자신과 경쟁하였고 매일 조금씩 발전하는 것을 발견하고 거기에서 기쁨을 느낄 수 있었다."고 고백한다.

히말라야 8천 미터 이상급 14좌를 모두 올랐던 산악인 엄홍길 씨는 산행을 통해 얻게 된 최고의 교훈을 '자승최강(自勝最强)'이라 짧게 표현했다. '가장 강한 사람은 자신을 이길 수 있는 자'라는 뜻이다. 그는 계속해서 다음과 같이 말하고 있다.

"수십 년간 산행을 하면서 깨달은 것은 산행 중에 부딪히는 오만 가지 생각을 물리쳐야 한다는 것이다. 결국, 내면의 갈등을 극복해야 하는 자신과의 싸움에서 승리하는 자만이 정상에 오를 수 있다."

무슨 일을 해나갈 때 죽고 싶을 것만 같은 순간도 있고 승리에 도취되는 순간도 있다. 또 어느 때 환희에 기뻐하는 순간이 있는가 하면 패배에 낙담하는 순간도 있다. 또 용기와 도전의 찬스를 맞게 되기도 하는가 하면 어느 땐 절망과 포기의 순간이 느닷없이 찾아오기도 한다. 이런 자기 자신과의 싸움의 부단한 과정들은 끊임없이 그리고 치열하게 우리를 시험하고 단련시킨다. 무엇보다 자신과의 싸움에서 승리하는 자가 진정한 승리자이기 때문이다.

■ ■ ■

흔히 인생을 마라톤에 비유한다. 곧, 마라톤은 인생의 긴 시간처럼 단거리 경기가 아닌 장거리를 달려 결승점에 골인해야 하는 장기전이기 때문이다. 삶도 마찬가지다. 삶 역시 우리에게 주어진 시간을 어떻게 달려 어떤 결실을 맺었느냐 하는 것에 따라 삶의 의미와 가치가 평가될 수 있기 때문이다.

결과적으로 우리는 인생의 '마라톤'에서 우리에게 부딪히는 여러 장애와 어려움들을 용기와 도전정신으로 잘 극복할 수 있어야 한다. 괴테는 말하길 "불가능을 꿈꾸는 자를 나는 사랑한다."고 했다. 그리고 『이방인』의 저자 알베르 카뮈는 인생을 "눈물 날 정도로 혼신을 다해 살아라."라고 격려한다.

한 번뿐인 인생을 그럭저럭 탈없이, 어제가 오늘 같고 내일 역시 오늘 같은 평범하게 그냥 시간만 흘려보내는 그저 그런 삶이 아니라, 삶이 버겁더라도, 그리고 꼭 목표를 달성하고 어떤 완성을 이루어내지 못한다 해도, 고난 속에서 투혼을 갖고 인내할 줄 아는 용기, 어떤 목표를 향해 포기하지 않고 자신의 모든 능력과 재능을 발휘하여 최선을 다해 도전하는 모습은 정말 아름다운 것이다.

서머싯 몸은 말하길, "삶이 주는 기쁨이란 인간이 맞닥뜨리는 모든 고통과 역경에 맞설 수 있을 때 생겨나며 나아가 그런 도전정신이야말로 삶을 가치 있게 만든다."고 하였다.

어떻게 보면 '아무도 가지 않았던 길', 또는 '험난하고 가파른 좁은 길'을 달려보고 개척해 나감은 일생 딱 한 번 주어진 삶 속에서 한번 해볼 만한 선택의 길이다. 왜냐하면 이를 성취해 나갈 때 삶의 본질적이며 아름다운 가치들이 되살아날 수 있을 것이기 때문이다.

고무신 한 켤레가 어찌 두렵지 않겠느냐

우리는 과연 소유한 것만큼 그만큼 행복할까? 전혀 관계가 없진 않겠지만 행복은 가진 것에 의해 만들어지는 것이 아니다. 다시 말해 행복의 본질이란 궁극적으로 외부로부터 오는 것이 아니라 참된 마음으로부터 오는 것이기 때문이다. 그런 까닭에 똑같은 조건, 똑같은 환경이 주어져도 누군가는 행복하다고 느끼고, 또 누군가는 불행하다고 느낀다.

얼마 전 나는 한 친구 스님과 반가운 통화를 나누었다. 그러니까 그 스님과의 만남이 있은 지 벌써 22년이 흘렀다. 동국대학교 부총장을 지낸 오법안 스님이 미국 뉴욕의 원각사에 주지로 계실 때 학생으로 온 그 스님을 처음 뵙게 되었다. 우리는 절에서 식사도 같이 하고 대화도 많이 나누었으며 앞으로 좋은 교류가 있을 것을 약속했다.

그 스님을 언제나 잊지 않고 기억하는 것은 스님의 법명이 특이했기 때문이다. 다름 아닌 '무착(無着)', 그러니까 무착스님이었기 때문이다.

스님의 설명인즉 '나를 끊고, 또 탐욕을 끊어버린다'는 뜻에서 그 이름을 선택하였다고 했다. 그에 의하면 탐욕이란 정도를 벗어난 분에 넘치는 욕심이며, 자신의 몫보다 더 채우기를 바라는 욕망이라는 것이다. 그리고 행복이 우리에게 들어오는 것을 막는 훼방꾼이라는 것이다. 동시에 탐욕은 생사윤회의 근본이 된다고 풀이하였다. 결국, 인간의 탐욕이란 끝이 없는 것이며 그러기에 자신은 이를 되새기고 또 이를 극복하기 위해 '무착'이라는 이름을 갖게 되었다고 하였다.

■ ■ ■

옛날, 강원도 깊은 산속 화암사에서 있었던 일이다. 수행 중이었던 한 제자가 신던 고무신이 닳아 구멍이 나는 바람에 한 지인의 도움을 받아 새 고무신 한 켤레를 사게 되었다. 제자는 너무 기뻐 싱글벙글 함박웃음을 터트리며 그만 스승께 신발 자랑을 하고 말았다.

"스승님, 이 새 고무신 이쁘지요?"

"이놈아! 네가 도대체 정신이 있는 놈이냐? 새 고무신을 사다니."

제자는 몇 년을 신어 다 닳아버린 고무신을 버리고 이제 겨우 새 신발을 장만한 것을 가지고 그렇게 불같이 버럭 화를 내는 스승님이 너무나도 야속하였다.

"스승님! 정말 너무하십니다. 몇 년 만에 간신히 고무신 한 켤레 산 것을 가지고…."

이해는커녕 스승은 한층 목청을 높여 더욱 엄하게 질책하였다.

"이런, 이런…, 어리석은 놈 같으니라고…. 고무신 한 켤레가 얼마나 무서운지를 모르는구나. 이놈아! 새 신을 신다 보면 자연히 새 양말을 찾게 되는 법이고, 또 새 양말을 신다 보면 자연히 새 옷에 눈이 가게 되는 법이니라."

스승의 말은 계속 이어졌다.

"어디 그뿐이겠느냐? 새 신발에 새 양말, 그리고 새 옷까지 갖추어 입고 나면 나도 몰래 마음이 슬며시 들떠 바깥 출입을 엿보게 되지. 그렇다면 어찌 수련에 정진할 수 있겠느냐?"

제자는 아직도 충분히 납득이 안 됐는지 얼굴 한쪽에는 불만이 그대로 고여 있었다.

스승은 따끔히 결론을 지었다.

"그 다음 그렇게 옷차림까지 하고 나면 책보다는 거울을 한 번 더 보게 될 수밖에 없고, 그렇다면 수련과 공부는 이미 글러버리게 되는 법…. 그러니 어찌 고무신 한 켤레가 두렵지 아니하겠느냐?"

■ ■ ■

현대 디지털 시대를 맞아 '잘 살고, 잘 먹는' 일에 치중하다 보니 요즘 누구를 존경한다든지, 또는 겸손과 비움의 정신을 강조한다든지 하는 풍토가 많이 사라진 것도 부인 못할 사실이다.

옛날 우리 조상들은 흙을 가까이 하였고 좋은 것, 가진 것이 부족해도 작은 것에 고마워하고 만족해했으며 행복하였다.

법정스님께서는 행복의 기준을 존경과 겸손, 그리고 만족과 감사할 줄 아는 마음에 있다고 하였다. 그는 말하길, "세상일에 부딪쳐도 마음이 흔들리지 않고, 걱정과 근심이 없어 편안한 것, 이것이 더없는 행복이니라."

그에 의하면 아무리 많은 재산을 가졌다 할지라도 마음이 불안하고 마음속에 평화가 존재하지 않는다면 절대 행복할 수 없다는 것이다.

위의 스승과 제자의 에피소드에서 우리에게 주는 메시지는 나를 끊어 버림과 탐욕의 근절이다. 무착스님도 당신의 삶을 통해 탐욕의 경계를 최고의 수행 과제로 삼았다.

실로 오늘날 바쁘고 정신없는 현대를 살아가면서 지나치기 쉽고 잊기 쉬운 자기 비움과 탐욕의 근절, 그리고 행복의 본질과 마음의 평화의 문제는 우리가 다시금 주의 깊게 되새겨볼 소중한 주제들이 아닐 수 없다.

기부 행위의 즐거움

    십수년 전, 세인트루이스에서 안식년을 보낼 때의 일이다. 어슴푸레한 기억을 더듬어보자면, '그분'은 성실한 의사였으며 우리 한인 가톨릭 공동체의 독실한 신자였다.

    어느 날 뜻밖의 자동차 사고로 하나뿐인 아들 마이클을 잃게 되었다. 그는 당시 하버드 대학 2학년에 재학 중이었다. 아들을 잃은 슬픔은 이루 다 말로 표현할 수 없었다. 부모는 몇 달에 걸쳐 거의 식음을 전폐하다시피 했다. 마이클은 그들의 삶의 전부였기 때문이다. 수십년 간의 험난하고 고통스러운 해외 이민생활을 어떻게든 견디어낼 수 있었던 것은 오로지 미국의 자존심 높은 주류 사회 속에서 마이클이 보란 듯이 성공하는 것을 기대한 때문이었다. 그들에게 마이클이란 삶의 기쁨 자체였고, 희망이자 미래 자체였다. 그런 기대가 하루아침에 물거품이 된 상황에서 그들은 모든 의욕과 삶의 의지를 상실할 수밖에 없었던 것이다.

    그는 장례 후 출근조차 하지 않았다. 주위의 격려와 동정으로 시간이 지나며 점차 용기를 되찾았고 더불어 마음의 상처가 아물면서 '폭탄선 언'을 하게 되었다. 곧 마이클의 죽음을 영원히 헛되이 하지 않기 위하 여 본인의 출자기금을 바탕으로 하여 '장학재단'을 설립하기에 이른 것 이다. 모두가 다 잘 알겠지만 낯선 외국 땅에서 피땀 흘려 밤낮을 가리 지 않고 한 푼 두 푼 모아 이룩한 재산을 장학기금으로 헌납하는 그런 결단을 내리기란 결코 쉽지 않았을 것이다. 그 결과 지금은 많은 학생 들이 그 장학금을 받아 은혜로운 혜택을 누리고 있으리라.

■ ■ ■

선진국이 갖는 여러 특징 중 하나가 기부문화의 뿌리내림일 것이다. 세계 최강의 선진국인 미국의 경우, 태어나면서부터 머릿속에 인식되 어 있는 것은 '재산이란 사회로부터 잠시 빌려온 것일 뿐 다시 사회로 환원해야 한다'는 사고방식이다.

예를 들어 세계 제1의 갑부인 마이크로소프트의 창업자 빌 게이츠의 경우 4백억 달러(약 50조 원)에 달하는 그의 재산 대부분을 '빌 앤드 멜 린다 게이츠 자선재단(BMGF)'을 설립하는 데 아낌없이 기부하였다. 이 기금은 세계의 빈곤과 질병 퇴치의 사업을 위해 쓰이고 있다. 우리 는 빌 게이츠의 노르웨이 강연 중의 한 언급을 상기시켜 볼 필요가 있 다.

"모든 억만장자들은 자신들의 재산의 대부분을 사회에 환원해야 한 다고 생각합니다. 이렇게 기꺼운 마음으로 기부를 하는 그 행위가 얼마 나 즐거운지를 깨닫게 될 것입니다."

빌 게이츠에 이어 세계 제2의 갑부인 워렌 버핏 버크셔 해서웨이 회장도 게이츠의 자선재단에 자기 재산의 85퍼센트(약 40조 원)를 기부하겠다고 약속하였다. 그가 이렇게 기부를 기꺼운 마음으로 결정할 수 있었던 것은 BMGF의 자선 활동인 전염병 백신의 개발, 소아마비 그리고 에이즈 퇴치의 중요성을 심각하게 깨달았을 뿐만 아니라 이에 대한 선구적 역할을 수행해 나감에 전적으로 동감하고 있었기 때문이다. 그의 언급도 음미해 볼 만한 가치가 있다.

"전염병 백신이 개발되어 수백만 명의 사람이 목숨을 건졌습니다. 앞으로도 더 많은 생명이 백신의 개발로 구원을 받을 수 있기를 기대합니다."

2009년 5월 5일 오후 세 시 맨해튼의 록펠러 대학의 총장 관저에서 세계 최고 갑부들의 '비밀회의'가 개최되었다. 이 모임을 주관한 사람은 게이츠, 버핏 그리고 록펠러였다. 이들이 초대장을 보낸 사람들은 방송인 오프라 윈프리, CNN 방송의 설립자 테드 터너, 소로스 펀드 매니지먼트 회장인 조지 소로스, 뉴욕 시장인 마이크 블룸버그, 금융인 피터 피터슨 등 총 열 명이었다. 한 가지만 이들의 공통점을 예로 든다면 미국의 최고 갑부임과 동시에 최고 '기부 황제'라고 하는 특징이 있다. 이들은 당면한 경제위기 해소 방안과 함께 자선 활동을 확대하는 방안들에 대한 진솔하고 거침없는 토론을 주고받았다. 그리고 이 모임은 비밀로 부치기로 하였다. 이 사람들이 1996년 이후 기부한 모금 총액은 무려 725억 달러(약 90조 2,625억 원)에 달하였다.

'강철왕'이라 불리던 카네기는 평생에 걸쳐 미국 전역에 3천여 개에 달하는 도서관을 지어 기부하였다. 그가 남긴 "부자로 죽는 자는 가장 불명예스럽게 죽는 사람이다."라는 말은 두고두고 되새길만 하다.

노벨상의 창시자인 알프레드 노벨의 경우 잘 알려진 바와 같이 그의 전 재산이 스웨덴 과학 아카데미에 기부되어 그를 영원히 기리는 노벨상 제도를 창립케 하였다.

이런 제도가 만들어진 데 대해 재미난 일화 하나가 전해지고 있다. 다름 아닌 어느 한 신문사의 오보가 노벨상을 만든 결과를 낳았다는 것이다. 오보의 내용은 다름 아닌 "죽음의 상인, 세상을 떠나다."라는 짤막한 기사였다. 이 내용을 알게 된 노벨은 그야말로 큰 충격을 받았고, 그 결과 폭약 발명으로 벌어들인 엄청난 돈을 인류의 발전과 미래를 위해 아낌없이 희사하게 되었던 것이다. 이후 그는 '죽음의 상인'이 아닌 '평화의 전도사'로서 길이길이 기억되고 추앙을 받고 있다.

며칠 전 신양문화재단의 정석규 이사장이 서울대학교에 137억 원이나 되는 거액을 기부한 내용은 신문을 통해, 또 방송 뉴스를 통해 큰 화제가 되기도 하였다.

그는 후두암 수술로 성대를 절단해 내야만 했고, 그 자리에 인공 호스를 끼워 호흡을 해야만 했다. 말을 할 때는 목에 붙인 노란 고무에 손가락을 대고 힘들게 쇳소리에 가까운 목소리를 내었다. 그리고 올해 위암 수술까지 받음으로써 두 가지 암과 투병을 하고 있는 상태였다. 그는 2,500원짜리 점심식사를 하기 위해 식판을 들고 길게 줄을 서는 것을 전혀 개의치 않았고, 자동자의 경우, 일빈 교수들보다 훨씬 더 못한 차를 타고 다녔으며, 소매가 닳아빠진 아주 오래된 옷을 언제나 변함없이 입고 다녔다. 그의 생활 면면에는 절제와 절약의 정신이 배어 있었다. 이런 고통과 어려움의 와중에도 그는 자신이 평생을 벌어 모은 재산의 대부분을 서울대에 기부하였다. 이는 학교 선후배들에게 뿐 아니라 이런 사실을 알게 된 모든 사람들의 귀감이 되었다. 그가 우리에게 들려준 다음의 언급은 우리가 두고두고 생각해 볼 만한 뼈 있는 내용이 아닐 수 없다.

"많은 재산을 자식들에게 상속하는 것은 어쩌면 독약을 안겨주는 것과 똑같습니다!"

■ ■ ■

이상의 실제적인 기부 현황을 짚어보며 재산의 사회 환원이 과연 어떻게 이루어지는지, 또 그것이 얼마나 필요하고 중요한 것인지를 알게 되었다.

'선진국가'란 일반적으로 '문화가 앞서고 경제가 안정된' 나라를 의미한다. 그리고 일한 만큼 벌 수 있고 직업에 귀천이 거의 없으며 많이 소유한 자가 소유하지 못한 자에게, 또 가진 것이 별로 없는 자도 자신보다 더 가지지 못하고 헐벗은 자에게 베푸는 삶이 실천되고 정착된 국가를 뜻한다. 결과적으로 기부문화의 정착으로 '함께 살아가는 사회'를 만들어나가는 국가가 다름 아닌 선진국가일 것이다.

우리의 경우 기부문화가 이미 정착된 미국, 영국, 프랑스 등 선진국과 비교할 때 기부문화의 정신과 실천은 양적으로, 질적으로 너무나도 미약하다. 어떻게 보면 솔직히 비교할 수가 없는 상태이다. 우리도 선진국으로 가기 위해서는 기부문화를 필수적으로 확산시키고 생활화시키지 않으면 안 된다.

지금까지의 역사를 되돌아보건대 우리 사회는 혈연 중심의 유교문화의 전통으로 재산상속과 자손부양에는 각별히 신경을 쓰고 있지만 국

152

민 모두가 함께 잘살고자 하는 상부상조의 노력에는 그렇게 인색할 수가 없었다. 사회에 이따금씩 놀라운 화제가 되곤 하는 단발적이며 일회적인 기부 양태의 모습으로는 선진국가로의 진입을 절대로 구현할 수 없다. 지금이야말로 기부문화의 정신과 실천에 부유층은 물론이거니와 국민 전체가 참여하고 이를 범국가적으로 확산시켜야 한다.

참된 선진국가란 서로가 서로를 진심으로 배려하고 성원하는 국가가 되어야 한다. 이 세상에 전혀 나눌 것이 없을 만큼 가난한 사람은 아무도 없다. 마음이 있고 용기가 있다면 누구든지 어떤 형태로든 기부문화를 실천할 수 있다.

미국 홈디포 사의 창립자였던 케네스 랑곤은 그의 전 재산을 사회에 환원하면서 다음과 같은 유명한 말을 세상에 남겼다.

"부(富)는 마치 거름과 같아 한쪽에 쌓아두기만 하면 썩은 냄새를 진동시키지만 골고루 뿌려질 때는 더없이 많은 것을 자라게 한다."

행복은 흐르는 개울물이지, 고여 있는 웅덩이가 아니다.

— J. M. 구드

4부　별을 바라다보는 눈으로

관중과 포숙아의 우정

우리가 흔히 듣는 이야기 중 "죽을 때까지 옆에 함께할 수 있는 친구가 하나만 있어도 그것은 인생에 있어 성공한 것이다."라는 말이 있다.

나는 과연 그런 친구를 갖고 있는가? 그렇다면 그대의 경우는? '나의 모든 것'이 되어주고 '그대의 모든 것'이 될 수 있는 그 '친구'란 어떤 의미일까?

'그런 친구'를 가지고 있다고 하는 것은 인생에 있어 큰 '보배'임과 동시에 큰 '선물'이기도 할 것이다.

한때 크게 반향을 일으켰던 유안진 씨의 『지란지교(芝蘭之交)[1]를 꿈꾸며』라는 수필집이 있었다. 구절구절마다 표현된 친구를 향한 마음에 무척이나 공감을 하게 되었고, 나 또한 그런 친구가 하나 있었으면 하

---

1 국어사전에 나온 정의에 따르면 이 말은 '친구와 친구 사이의 고상한 관계' 내지는 '교제'를 뜻한다.

는 간절한 바람을 가져보기도 하였다.

다음 「지란지교를 꿈꾸며」의 내용 중 몇 구절을 음미해 보면 어떨까?

나의 일생에 한두 사람과 끊어지지 않는

아름답고 향기로운 인연으로 죽기까지 지속되길 바란다.

…

때로 나는 얼음 풀리는 냇물이나 가을 갈대숲 기러기 울음을 친구보다

더 좋아할 수 있겠으나 결국은 우정을 제일로 여길 것이다.

우리는 흰 눈 속 참대 같은 기상을 지녔으나 들꽃처럼 나약할 수 있고,

아첨 같은 양보는 싫어하지만 이따금 밑지며 사는 아량도 갖기를 바란다.

…

우리가 항상 지혜롭진 못하더라도

자기의 곤란을 벗어나기 위해 비록 진실일지라도 타인을 팔진 않을 것이나

오해를 받더라도 묵묵할 수 있는 어리석음과 배짱을 지니길 바란다.

'친구간의 진실한 우정'을 뜻하는 사자성어로 '관포지교(管鮑之交)'란 말이 있다.

여기서 '관'은 관중(管仲)을 뜻하고 '포'는 포숙아(鮑叔牙)를 뜻한다. 이들은 둘 다 춘추시대 제(齊)나라 사람이다. 이 둘은 어렸을 때부터 우정이 남달리 돈독하였고 둘도 없는 친구관계였다.

시간이 흘러 제나라에 왕권 다툼이 있었을 때 공교롭게도 포숙아는 왕자 소백(小白)을 옹립하여 관중이 지지한 소백의 형 규(糾)를 제압하

고 왕위에 오르니 그가 그 유명한 '환공(桓公)'이라 불리는 사람이다. 이때 반대편에 섰던 관중이 감옥에 갇히게 된다. 후에 전란이 진정되고 상황이 바뀌자 포숙아는 절친한 친구 관중의 뛰어난 능력을 간파하여 임금에게 천거하였고 마침내 관중은 재상의 직위에까지 오르게 되었다.

이에 걸맞게 관중은 자신의 능력을 유감없이 발휘하여 국가를 융성하게 도모하였고 환공의 제나라가 춘추오패의 하나가 되도록 국위를 크게 선양하였다. 반면 포숙아는 관중을 추천하여 재상의 직위에 올렸음에도 불구하고 그의 밑에서 신하로서 자신을 낮추어 깍듯한 예를 다하였다.

관중은 포숙아와의 지난 일을 회고하며 다음과 같이 언급하였다.

> "그와 함께 장사를 하면서 내가 이익을 더 많이 취했으나 내가 가난한 것을 알았기에 그는 나를 욕심쟁이라 욕하지 않았다. 또 함께 일을 하다가 실패한 경우에도 나를 우매하다고 하지 않았다. 왜냐하면 그는 일의 성공이 시운(時運)에 따라 좌우될 수도 있다는 것을 알았기 때문이다. 전쟁에 패해 도망쳤을 때도 나를 겁쟁이라 하지 않았다. 나에게 노모가 계신 것을 알았기 때문이다. 아! 나를 낳아준 이는 부모이겠으나 참으로 나를 알아주는 이는 포숙아가 아니었던가!"

이 둘의 관계에서 후세 사람의 평가는 관중의 현명함과 판단력보다 포숙아의 겸손과 이해심, 그리고 넓은 마음을 더 높이 치하하였다.

유안진은 「지란지교를 꿈꾸며」에서 친구들 상호간에, 그리고 인간 상호관계 안에서 죽을 때까지 변치 않고 한결같은 우정과 의리를 표현하고 있다. 살다 보면 생활의 다양한 변화 안에서 때로는 오해와 갈등, 그리고 미움과 상처도 생길 것이나, 본질이 아닌 부수적 요인들은 영원한 우정의 가치로 인하여 극복되고 해결될 수 있어야 한다.

이상의 두 가지 예화에서 우리에게 일깨워주고 있는 중요한 사실은, 우리가 연관을 맺고 있는 인간관계 속에서 한결같고 변함없는 우정을 어떻게, 또 어떤 마음으로 가꾸어가야 할 것이냐 하는 메시지를 우리에게 던져주고 있다는 사실일 것이다.

노무현과 맥밀란[2]

고(故) 노무현 전 대통령이 이 세상을 떠난 지 1년이 지났다.

노무현 전 대통령의 모습 중 내게 유난히 기억에 남는 것이 있다. 다름 아닌 봉하마을에서 밀짚모자를 눌러쓰고 손녀를 자전거 뒷자리에 앉혀 시골길을 달려가는 한 할아버지의 모습은 그야말로 푸근하고 정겨운 장면이 아닐 수 없었다. 또 농부의 차림으로, 정말 평범한 시민으로 마을 주민들과 함께 뒷산에서 고사리를 뜯기도 하고 호탕하게 웃으며 막걸리를 나누어 마시는 모습은 참으로 수수하기도 하면서 소탈하

---

2 맥밀란(Maurice Harold Macmillan, 1894-1986): 영국의 정치가. 옥스퍼드 대학을 졸업한 후 30세가 된 1924년 하원의원으로서 처음 정치에 입문하였다. 48세 때(1942) 식민정무차관에 오르고 1942-45년에 걸쳐 북아프리카 연합군 사령부 고등판무관을 거쳐 국방상(1954-55), 그리고 외상(1955)을 거쳐 1957년 63세에 소수당 당수가 되면서 영국 수상의 자리에 올랐다. 1984년 영국 황실에 의해 '백작(Comte)'의 칭호를 받았다.
다음의 맥밀란에 관한 에피소드는 『좋은 생각』에 소개된 서교출판의 『세상에서 가장 지혜로운 101가지 이야기』 중 발췌·정리한 것이다.

기까지 하였다. 편의점에서 담배를 한 손에 쥐고 고개를 돌려 반대편의 텔레비전을 시청하는 모습은 '저 사람이 정말 대통령이었나?' 싶을 정도로 우리에게 친근감을 주었다. 그는 우리에게 얘기했다.

"아주 행복합니다. 일이 벅차고 몸이 좀 힘들긴 해도 좋습니다! 좁게는 제 고향이, 넓게는 모든 농촌이 주말이면 손자 손녀가 놀러 올 수 있는 그런 '사람 사는 세상'이 되었으면 좋겠습니다."

보통 시민으로서의 노무현의 생활은 낯설지 않게 서민적이며 격의 없이 우리에게 다가왔다.

■ ■ ■

런던의 한 전차 정류장. 많은 사람들이 전차를 기다리며 줄을 서 있었다. 그리고 한 노신사 역시 그 인파에 끼어 신문을 뒤적거리며 전차를 기다렸다. 그는 너무 열중한 나머지 전차가 오는 줄도 몰랐다. 갑자기 뒤에서 귀엽게 생긴 한 소년이 큰 소리로 외쳤다.

"아저씨! 빨리 타세요. 전차가 왔어요. 아저씨가 타야 저도 탈 수 있어요."

그는 후다닥 신문을 급하게 접고는 전차에 올라탔고 소년도 줄을 따라 그의 뒤에서 노신사의 옆으로 올라탔다. 노신사가 사랑스러운 눈빛으로 소년에게 먼저 말을 건넸다.

"아까 정말 고마웠단다. 몇 살 됐지? 그리고 이름은?"

"열두 살이구요, 이름은 조지예요. 저도 이름과 나이를 말씀드렸으니 아저씨도 이름과 나이를 알려주세요."

"나는 맥밀란이라고 하고 나이는 많단다."

162

"맥밀란이라구요? 그건 우리 수상 아저씨 이름인데…."

놀라운 눈빛으로 바라다보고 있는 소년에게 다시 말을 건넸다.

"그래 조지야! 내가 얼마 전까지 수상을 했던 그 맥밀란이란다."

소년은 믿지 못하겠다는 듯 더욱 동그라진 눈으로 물었다.

"그런데 왜 줄을 서서 기다렸어요? 전차는 왜 타셨어요?"

맥밀란은 크게 한바탕 웃음을 터뜨린 후 자상하게 설명해 주었다.

"얘, 조지야. 얼마 전까지만 해도 난 수상이었지만 지금은 아니란다. 너와 똑같은 평범한 시민이지. 수상이었을 때는 국가의 큰일을 잘 수행하기 위해 수상 전용차를 타고 다니지만 지금은 아니야. 이젠 나도 보통 시민이 되었으니 다른 사람들과 똑같이 전차를 타고 다녀야지. 조지야! 너도 이 다음에 수상이 되었다가 물러나게 되거든 나처럼 전차를 타고 다녀야 한단다. 알겠지?"

소년은 알았다는 듯 고개를 끄덕이며 환한 얼굴을 지었다.

■ ■ ■

위의 두 가지 일화가 우리에게 잔잔하면서도 진한 감동을 주는 이유는 무엇일까? 그것은 한마디로 삶에 있어 가장 절실하다고도 볼 수 있는 소탈하고 겸손한 마음, 그리고 진실하고 따뜻한 인간미를 우리에게 전달해 주고 있기 때문이다.

보통 높은 직분의 사람은 평범한 우리 시민들과는 무언가 다른 것이 있을 것이고 또 우리와 크게 차이가 나는 그 어떤 생활을 할 것이라고 하는 통념이 일반적이다. 이에 비추어 볼 때 노무현 전 대통령과 맥밀란 수상이 우리에게 보여준 따뜻한 인간미와 자신을 낮추는 겸허함, 그리고 언제나 상대방의 입장을 먼저 헤아리는 이해심과 아량의 자세는 놀랍도록 친근한 감동으로 우리에게 다가올 수밖에 없는 것이다.

'인간미'란 어떤 면에서 인간적 정취를 가득 담고 있고, 상호 존중과 친근함의 의미로도 받아들일 수 있다. 나아가 친절과 사랑의 마음을 뜻하는 것으로도 해석할 수 있다.

매일의 일상 안에서, 예컨대 동네 어귀, 시장의 한가운데서, 또 전철이나 버스 안에서 우연히 부딪히게 되는 사소하고 작은 만남들을 통해 나의 모습도 앞으로 어떻게 변화시켜 나가야 할지 생각해 볼 일이다. 그리고 그 안에서 삶의 참모습과 진솔함을 발견해 나가는 데도 깊은 숙고와 고민을 함께 해나가면 어떨지….

맨홀 속에서 만난 CEO와 인부들

현재 미국에서 일고 있는 경제 분쟁 중 하나가 대통령 오바마와 경제계, 그리고 금융계의 최고경영자(CEO) 간의 대립과 갈등관계이다. 문제는 정부 측에서는 규제 관철과 CEO의 희생을 요구하고 있고, 경제계에서는 자율 확보와 통제 완화를 요구하고 있는데, 양자가 서로 양보 없이 상충되고 있기 때문이다. 이런 싸움의 파장이 한국 경제계에까지 큰 영향을 미침은 두말할 나위 없다.

기업의 최고 리더인 CEO가 정책과 비전을 잘못 제시하게 될 때 기업에 미치는 손해는 이루 말로 표현할 수가 없을 정도이다. 예컨대, 전 메릴린치 회장 스탠리 오닐은 서브 프라임 투자로 80억 달러(7조 8천억 원)에 이르는 손해를 냈고 이 책임으로 결국 회사로부터 물러났다. 반면에 세계 경제계의 찬란한 스포트라이트를 받으며 혜성같이 등장하는 사람도 있다. 뛰어난 카리스마를 지닌 CEO의 덕분으로 몇 년씩 적자에

허덕이던 기업이 하루아침에 흑자로 돌아서는 것이다. 예를 들면, 미국의 최대 전화회사 AT&T의 마이클 암스트롱은 회장으로 취임하면서 최대의 위기에 빠져 있던 이 회사를 단번에 40억 달러(3조 9천억 원) 정도의 수익을 창출하는 회사로 변모시켰다.

이런 상황을 보면서 과연 CEO의 리더십의 본질이란 무엇인지 생각해 본다. CEO의 영향력은 얼마나 될까? 또 CEO의 자질은 어떤 것이어야 할까? 조직의 미래를 책임지는 CEO로서의 가장 중요한 조건은 무엇일까?

■ ■ ■

눈보라가 휘몰아치는 매서운 겨울밤, 뉴욕 전화회사의 회장인 버치 포래커는 모처럼 시간을 내 다른 관계회사의 회장들과 함께 화제의 영화를 관람하였다. 집으로 돌아가기 위해 영화관의 문을 여는 순간 세찬 바람과 함께 눈보라가 밀려 들어왔다. 밖으로 나와 차를 기다리는 짧은 순간에도 눈가루와 찬바람은 계속해서 얼굴에 부딪히고 옷 속을 파고들었다.

바로 그때 저 멀리 희미한 불빛 아래 '수리 중'이라고 하는 굵은 글씨의 안전 표시판이 보였고, 공사 중인 인부들은 다름 아닌 자신의 회사의 직원들임을 알게 되었다. 곧, 뉴욕 전화회사의 직원들이 추운 날씨에 수리 공사를 진행하고 있었던 것이다.

차를 기다리던 그는 갑자기 공사 현장 쪽으로 걸음을 재촉하더니 지체 없이 눈 쌓인 땅을 짚고 맨홀 밑으로 내려가기 시작하였다. 밑에서 일을 하던 몇 명의 인부들이 소리쳤다.

"아니? 누구십니까?"

"날세. 포래커야. 버치 포래커일세. 수고들이 많구먼!"

이 말소리에 놀란 인부 중 한 명이 포래커가 내려오는 사다리의 발쪽을 전등불로 비추어주었다. 그때까지만 해도 일에 열중하던 인부들은 그가 누구인지에 대해 큰 관심을 갖지 않았다. 공사 바닥에 도착한 포래커의 얼굴을 전등으로 직접 확인한 인부들은 깜짝 놀라며 당황하였고 몸 둘 바를 몰라하였다. 먼저 포래커가 말문을 열었다.

"나, 포래커야. 이런 데서 만나다니 뜻밖인데… 반갑구먼. 추운 날씨에 얼마나 고생들이 많은가! 다들 무사한지 내려와봤네. 친구들이 기다리고 있어 난 먼저 올라가봐야겠네. 수고들 하게나."

그러자 인부들 모두는 자신들이 갖고 있는 손전등을 켜서 포래커가 올라가는 사다리 길을 환하게 비춰주었다. 포래커가 지상으로 기어나와 흙먼지와 옷에 묻은 눈들을 털자 그를 기다리고 있던 주위의 일행들은 호기심이 가득 차서 무슨 일이 있었는지를 묻지 않을 수 없었다. 포래커는 웃음 띤 얼굴로 다시 한 번 옷을 털며 대답했다.

"우리 회사 직원들인데 얼굴이나 한 번 보고 가려고…."

이러한 포래커의 행위는 회사 직원들의 신뢰와 사랑을 듬뿍 받게 만들었고 회사를 크게 발전시키는 밑거름이 되었다.

■ ■ ■

CEO의 진정한 능력과 본질은 과연 어떤 것일까? 뛰어난 경영기법과 비전의 제시도 그 어떤 것 못지않게 중요할 것이다. 그러나 무엇보다 중요한 것은 먼저 자신의 헌신과 솔선수범을 실천하는 자세이고 사원

하나하나를 자신의 가족처럼 아끼고 배려하는 그런 마음일 것이다. 그럴 때 모든 이들로부터 존경과 지지를 받게 됨은 또한 당연한 일이다.

앞서 언급한바, 회사를 일으키거나 또는 망하게 하는 것도 CEO의 역할이 되고 책임이 되기도 하겠지만, 총체적인 관점에서 CEO 최상의 자질은 포래커의 예에서처럼 언제나 자신을 낮추고 상대방을 먼저 생각하는 마음과 헌신의 자세이지 않을까? 그리고 더욱 근본으로 들어갈 때, 결국 위대한 사랑의 완성이란 아주 작고 사소한 것에서부터 시작되는 것은 아닐까 생각을 해본다.

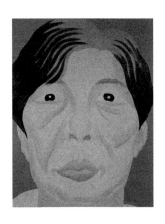

경영은 테크닉이나 학문이 아니다.
인간과 인간의 부딪힘이며 마음과 마음의 접촉이다.

— 스카모도 고이치

잘하셨습니다. 당신은 정말 신사입니다

몇 년 전 내가 미국에서 안식년을 무사히 마치고 한국으로 귀국할 때 있었던 일이다. 잊어버릴 만하면 또 한편으로 또렷이 떠오르곤 하는 기억이기에 새삼 혼자서도 웃음을 머금곤 한다. 그때 그 말…. "잘하셨습니다. 당신은 정말 신사입니다!"

■ ■ ■

내가 탄 비행기는 완전 만원으로 입추의 여지가 전혀 없었다. 출국 데스크에서 혹시나 뒷자리에 빈 좌석이 있는지 문의한 결과 '전혀 없다'는 대답을 받았다. 가끔 운수가 좋아 이코노믹석이라도 빈자리 옆의 좌석을 배정받으면 때론 누워서 편안히 올 수도 있기 때문이다. 실제로 그렇게 이용한 적도 여러 번 있었다.

이번 귀국길은 여느 때와는 분위기가 상당히 다른 듯 느껴졌다. 성수 기가 겹쳐서 막상 비행기에 오르니 다른 때보다 훨씬 더 복잡했다. 이번만큼은 주위가 좀 편안한 환경의 자리였으면 하는 바람이 간절했다. 그동안 짐 정리하랴, 배송하랴, 송별식하랴…, 매우 정신없이 바빴고 몸도 좀 찌뿌듯한 듯 매우 지쳐 있는 상태였기 때문이다.

오늘따라 왜 그렇게 통로가 복잡하고 걸리적거리는 것이 많은지…, 신경까지 날카로워졌다. 이리저리 부딪히기도 하면서 내 좌석까지 왔을 때 마음이 황당하면서 혼란스러워졌다. 내 좌석엔 떡하니 어떤 여인이 앉아 있었기 때문이다. 바로 뒷자리에는 남루한 듯 보이는 늙은 외국인이 앉아 있었고, 한 칸 건너서 옆으로는 동양인으로 보이는 뚱뚱한 남자가 앉아 있었다. 그들의 표정은 남의 일에 전혀 관여치 않겠다는 의지를 역력히 나타내고 있었다. 내가 서 있는 바로 앞의 상황이어서 모든 것이 한눈에 들어왔다. 둘러볼 필요조차 없었다. 다시 한 번 좌석을 확인하려는 순간 내 좌석번호 옆에 앉은 한 처녀가 날렵하게 끼어들며 유창한 영어로 말했다.

"아저씨! 바로 저희 뒷자리로 앉으시면 안 되겠어요? 우리는 같은 일행이거든요."

학생인 듯한 처녀는 금세 내가 그 자리의 주인인 줄 알아채고 재빠르게 말했다. 짧은 순간, 내 좌석에 앉은 그 여인을 다시 바라보게 되었고 뒷줄의 두 외국인도 차분히 다시 바라볼 수 있었다. 그리고 두 사람 사이의 빈자리도 다시 한 번 확인하게 되었다. 나는 얼른 그 학생의 물음에 무슨 대답이든지 해야만 했다. 무엇보다 외국인 노인네와 뚱뚱한 동양인 사이에 끼어 앉는다는 것이 여간 마음이 내키지 않았다. 그렇지 않아도 오늘 컨디션이 썩 좋은 편이 아닌데…. 그리고 두 사람 사이에 끼어 앉게 된다면 옴짝달싹하지도 못하고 또 화장실조차도 쉽게 가지 못할 것이다. 눈을 조금 내려 둘러보니 동양인의 살집은 한 10센티미터쯤 옆 자리를 침범해 들어온 것도 눈에 띄었다. 팔걸이도 살집에 걸려 완전히 제자리로 돌아오지 못하고 약간 떠 있는 상태였다. 내가 앉아야 할 자리가 좁아진 것은 물론, 거기에다 아무리 서로 옷을 입었다 한들 서로 밀착됨은 당연한 노릇이었다.

문제 해결은 지극히 간단한 것이다. 내가 내 자리를 찾아 앉으면 된다. 그리고 내 자리에 앉은 그 여자는 그 여자 자신의 원래 좌석으로 보내면 되는 것이다. 더군다나 내 허락도 없이 내 자리를 점거하고 앉아 있었으니 할 말도 없을 것이다. 처음 이 자리에 왔을 때 괘씸한 생각이 들었던 것도 사실이다. 혹시라도 자리를 비워놓고 사정을 했다면 또 부탁을 들어줄 수 있었을지도 모른다. 아주 짧은 시간 동안 난 수많은 조건, 분위기, 처신, 결정 등을 내려야만 하는 상황에 처해졌다. 바로 그때 또다시 옆의 학생의 목소리가 애처롭게 들려왔다.

"여기 이 분은 저희 엄마이시거든요. 사실은 뒷자리가 엄마 좌석인데, 아저씨가 좀 바꿔주시면 안 될까요?"

그때 나는 정면으로 그 학생을 또렷이 바라다보았다. 그 눈빛에는 간절함이 넘쳤고 애절함과 절박함이 여실히 묻어났다. 난 속으로 중얼거렸다.

'아이고! 환장하겠네. 그렇다면 긴 시간 동안 저 자리에 앉아서 가야 할 운명이란 말인가!'

자세히 훑어보니 그 동양인은 더욱 험상궂어 보였고 아까보다도 더 뚱뚱해 보였다. 그리고 그 늙은 외국인은 연신 약을 먹고 있었다.

'아니 왠 약은? 무슨 병이 있길래… 환자인가? 내가 어쩌다 이런 상

황에 처했을꼬….'

이번만큼은 산뜻하고 상쾌한 귀향을 하고 싶었건만, 어쩌다 이 지경이 되었단 말인가? 내 앞에 앉은 학생의 엄마는 딸인 학생에게 모든 것을 맡긴 듯 쥐죽은 듯 고개를 떨구고 있었다. 말하자면 모든 것을 딸의 처신에 맡길 수밖에 없다는 뜻임이 분명했다. 내 한마디면 그 여자는 가차없이 일어나 뒷자리의 두 남자 사이에 끼어 앉아야만 한다. 그것도 열다섯 시간 이상이나. 한편으로 그것은 당연한 일이기도 하였다.

때마침 통로가 붐비며 사람이 밀리게 되자 승무원이 다가와 좌석 정리를 해주며 빨리빨리 제자리를 찾아 앉을 것을 권유하였다. 그 승무원이 빈자리를 가리키며 누구 좌석인지를 물었다. 그러면서 모두들 제자리를 찾아 앉을 것을 지시하였다. 순간 학생의 얼굴은 흙빛으로 변했고 그 엄마는 자리를 내주어야 하는가 싶어 엉거주춤 자세를 한번 고쳐 앉았다. 바로 그때 그 승무원에게 나도 모르게 말이 툭 튀어나오고 말았다.

"그녀는 여자입니다.(She is a woman)"

우선 그 말은 내가 앉겠다는 의사의 표시이기도 하였다. 그녀는 여자이니까 험상궂은 사나이들 사이에 껴 앉기는 좀 곤란하다는 뜻이 내포되어 있었다. 왜 내가 '자리를 양보할게요' 하지 않고 '그 사람은 여자니까요'라고 말했을까? 왜 그 말이 먼저 툭 튀어나왔을까?

내 말이 떨어지기 무섭게 전혀 예상치도 못하게 아까 약을 몇 번씩 먹던 외국인 노인네가 그 즉시 응수했다.

"잘하셨습니다. 당신은 정말 신사입니다!(It's nice, you are really a gentleman!)"

172

그 영어의 문장은 너무나도 정확하고 신선하게 들려왔다. 그는 불과 몇 센티미터 앞에서 그 모든 상황을 예리하게 주시하고 있었던 터였다. 마치 기다리기도 했다는 듯, 그러면서도 자신이 바랐던 대로 이루어져 매우 기쁘다는 표정으로 자신도 모르게 무의식적으로 그런 상황에 끼어들게 되었던 것이다. 그것도 당연한 자신의 일처럼…. 사실, 이런 그의 동향을 전혀 예감하지 못했다. 아니 그 노인네는 사실 안중에도 없었다. 다시 말해 전혀 의식하지 않았던 것이다. 그는 내가 어떤 결정을 내릴지 호기심을 갖고 궁금해하며 처음부터 지켜본 것이었다. 그는 'Yes'냐 또는 'No'냐의 갈림길에서 갈등하는 나를 처음 도착 순간부터 꿰뚫어보았을 것이다. 그리고 나름대로 어느 한쪽이 승리를 할 것인지 부지런히 계산을 하고 있었을 것이다.

내가 무슨 정신으로 그녀를 동정하며 그 자리에 앉힐 생각을 했을까? 짧은 시간, 생각도 복잡했지만 결정은 정말 순식간에 이루어졌다.

내가 그 외국 노인에게 "과찬입니다." 하며 자리에 들어가 앉자 앞자리의 학생은 환한 얼굴로 뒤돌아보며 "고맙습니다. 정말 고맙습니다!"를 연발했다. 학생의 어머니도 밝은 모습으로 "감사합니다!" 하며 정중히 예를 갖추었다. 자리를 고쳐 앉으며 그 학생과 눈이 마주칠 양이면 또 고맙다고 인사를 하는 것이었다. 여유 있게 자리를 잡고 난 다음 호흡을 고르고 나니 옆의 외국인의 말이 다시금 마음속에 되살아났다.

"잘하셨습니다. 당신은 정말 신사입니다!"

지금까지 쭉 살아오면서 나는 한국말로조차도 "잘하셨습니다. 당신은 정말 신사입니다!"라고 하는 말은 한 번도 들어본 적이 없었다.

모든 것들이 다 제자리를 찾게 되니 나는 나름대로 내가 행한 판단과 처신, 모두를 참 잘 처리했다는 생각이 들었다. 그리고 잠시나마 약간은 들뜬 기분으로 행복감에 젖기도 했다. 어떤 면에서는 이런 순간의 경험이 내게는 참으로 신의 은총이자 큰 가르침으로 다가오기도 하는 것이다. 이런 느낌은 솔직한 고백이기도 하다. 어떤 일이 끝난 다음 다시 한 번 그 과정을 정리하고 분석해 볼 때 잘하고 잘못한 것이 선명히 드러나게 되는 법인데 이번 경우는 옳게 판단하고 옳게 행동했다는 생각이 든다. 또한 앞으로 어떻게 살아야 하고 삶의 기준을 어디에 두어야 하는지를 일깨워주는 인생의 참된 교훈이 되기도 할 것이다.

■ ■ ■

왼쪽의 동양인은 이미 깊은 잠에 빠져 있었고 오른쪽의 미국인 노인과는 이래저래 금방 친해졌다. 저녁식사가 나올 때 그는 처음 먹어보는 것이라고 하면서 신기한 듯 일부러 나를 쫓아 비빔밥을 주문했다. 내가 비빔밥을 어떻게 비비는지 그것을 보고 따라하겠노라 했지만 참기름의 사용, 밥과 나물을 섞는 것, 뜨거운 물을 부어 국을 만드는 일, 그리고 고추장을 짜서 모든 것이 섞이도록 알맞게 비비는 것 등이 그에겐 생소하였고 당연히 서투를 수밖에 없었다. 아니 완전 초보 그 자체였다. 난 그의 식판을 받아 무슨 한식의 전도사라도 된 양 음식 하나하나에 대해서 설명을 곁들이며 정성을 다해 비벼주었다. '약간 맵긴 할 텐데…' 그럼에도 그는 비빔밥을 한술 입에 가득 넣고 환히 웃는 얼굴로 엄지를 치켜세우며 "맛이 최고입니다!"라는 찬사를 아끼지 않았다. "덕분에 좋은 음식을 먹게 되어 매우 고맙습니다."라는 말도 잊지 않았다.

열다섯 시간 이상의 비행을 통해 우리는 참 많은 이야기를 나눴다. 그들은 그룹 패키지로 입국하는 미국인 부부팀들이었고 한국, 중국, 일본 등을 둘러보고 다시 미국으로 돌아갈 계획을 갖고 있었다. 그리고 사업 차 여행도 겸하는 것이라고 설명하였다. 우리는 서로의 양해 아래 긴 잠 속으로 빠져들었다. 그리고 다음 날 승무원의 안내방송에 잠을 깼다. 간단히 아침 인사를 나눈 뒤 아침 식사도 함께하였다. 하룻밤을 잠도 같이 잤으니 더욱 친해질 수밖에. 한편으로는 오래된 친구처럼 느껴지기도 했다.

그와의 장시간의 대화를 통해 그의 성품과 교양도 다소 파악할 수 있었다. 그는 사려심이 깊고 이해심이 넓었으며 자신의 사업 분야에 대하여도 긍정적 자신감과 열정을 지니고 있었다. 무엇보다 사람을 편안하게 하는 말씨와 유머 감각은 그의 최고의 장점으로 생각되었다. 갑자기 공자가 자신의 제자 자장에게 설명한 내용이 떠올랐다.

"무릇 참된 '달(達: 깨달음에 이름)'이란 내면의 덕이 자연스럽게 언어와 용모로 나타남이니라!"

또한 공자는 이르기를 "이렇게 통달한 사람은 성실과 용서, 그리고 겸손을 행한다."고 설파하였다. 지금 이 시점에 공자의 말이 떠오름은 그 외국인 노인 안에서 '달(達)'의 의미를 보았기 때문은 아닐지….

■ ■ ■

비행기가 도착하여 머리 위 짐칸에서 짐을 받아 안으며 일어설 때 앞 자리의 모녀와 다시 시선이 마주쳤다. "아저씨! 정말 고마웠어요!" 그녀는 내게 또 고마움을 표현하였다. 난 괜찮다고 화답했다. '거참 무슨 대단한 일 했다고 이렇게 여러 번 고맙다는 소리를 듣는담….'

비행기에서 모두들 인사를 나누고 헤어졌다. 얼마 후 짐 찾는 곳에서 그 노인을 다시 만났다. 그때 난 한 가지가 생각났다. 이름을 여쭈어보지 않았던 것이다. 나는 다가가 말했다. "내가 실수를 한 것이 있는데…, 이름을 여쭈어보지 않았네요." 그는 '드니스 리'라고 대답했고 그 역시 내 이름을 물어 성은 '홍'이고 이름은 '승식'이라고 말해 주었다. 우린 다시 한 번 더 작별 인사를 나누고 돌아섰다.

그 사람의 성이 리(Lee)라고 했던가? 아니 그러면 그 사람의 조상은 혹시 한국 사람이 아니었을까? 성이 왜 리(Lee)지? 나대로 아전인수 격 해석에 잠시 빠져 있는 동안 자기 일행들과 함께 세관문을 빠져나가고 있는 '드니스 리'의 모습이 눈에 띄었다.

그의 뒷모습을 물끄러미 바라보고 있노라니 분주한 틈에 잠시 잊어먹고 있었던 그의 말이 다시 되새겨졌다. 그가 비행기에서 내게 해준 그 말, 그것은 내게 최고의 찬사였고, 그리고 최고의 선물로 간직될 것이었다.

"잘하셨습니다. 당신은 정말 신사입니다!(It's nice, you are really a gentleman!)"

갈산공원 산책로에서 만난 장 지오노

안산에 오기 전에 5년간 머물렀던 양평에는 아름다운 갈산공원이 있다.

양평에서 머물렀던 5년 동안 많은 사람들이 방문차 양평을 찾았다. 그때마다 가능하다면 꼭, 또 어느 땐 반강제적으로라도 그 손님들을 데리고 남한강변 산책로와 갈산공원을 구경시켜 주었다. 내 동창 친구 중 하나는 "여긴 정말 양평의 보배야! 야! 이거 잘해놨는데…" 하며 탄성을 질렀다. 조금 전까지만 해도 집 안에 처박혀 꼼짝도 하기 싫어하더니…. 이곳을 찾았던 어떤 가족과는 여기 공원 잔디밭에서 달리기 시합도 함께하곤 했다. 한 가시 분명한 사실은 이곳 공원을 싫어하는 사람은 단 한 사람도 없었다.

그때만 해도 갈산공원의 산책로에는 양쪽으로 어린 나무들이 듬뿍 줄지어 심어져 있었다. 아마 몇 년 후면 우리에게 울창한 숲 속 길을 선사할 것이다. 내친 김에 아쉬움을 토로한다면 양평 시내 서쪽이나 북쪽에도 이와 같은 공원이 셋 또는 넷 정도 더 있었으면 하는 바람이다. 솔직히 선진 외국과 비교한다면 그것조차도 많은 숫자는 아니다.

■ ■ ■

지난해 감동 깊이 읽었던 장 지오노가 지은 『나무를 심은 사람』의 책 내용 중 몇 가지가 떠오른다.

주인공인 엘제아르 부피에는 프랑스 남동부의 프로방스 지방의 고산지대와 황무지에 굳은 의지와 끈질긴 노력으로 나무를 심고 가꿈으로써 새로운 울창한 숲을 탄생시킨다. 즉 혼자 살면서 해마다 꾸준히 수십 년간에 걸쳐 나무를 심고 가꾸었다. 양치기 목동이었던 엘제아르는 바로 나무를 심는 행동을 통해 황폐한 땅에 생명을 불어넣었던 것이다. 그 결과 황폐한 땅들이 무성한 숲으로 탈바꿈되면서 샘과 냇가가 되살아나고 더불어 인간의 삶이 희망과 행복으로 바뀌게 된다.

작가인 장 지오노는 사람의 발길이 전혀 닿지 않는 고산지대나 황무지 등을 여행하다가 우연히 한 양치기 엘제아르를 만나게 된다. 그리고 그에 대한 특별한 호기심과 궁금증을 갖게 되면서 그를 관찰한 기록을 책으로 출간하게 되는데, 책의 내용은 순박하면서도 평범한, 그리고 강인한 성품의 한 인물이 지구의 표면을 위대하게 바꾸어가는 실제적 사실을 표현하고 있다.

장 지오노의 『나무를 심은 사람』은 세계적으로도 다시금 재조명을 받아 새롭게 읽히고 있으며 '지구재녹화운동'의 교재로도 쓰이고 있다. 그의 이러한 식수의 행동은 자신의 사적인 이익과 보상을 바라고 한 것이 아니었다. 자발적인 헌신과 인격에 입각한 숭고한 행위의 실천이었던 것이다.

작가인 장 지오노의 목적은 명확하였다.

"나는 사람들로 하여금 나무를 사랑하게 하기 위하여, 더 정확히는 나무 심는 것을 장려하기 위하여 이 글을 썼다."

■ ■ ■

나무가 우리 인간에게 미치는 영향은 이루 말로 다 할 수 없을 정도이다.

우선적으로 작가 장 지오노는 도시화로 빚어지는 부정적 측면을 먼저 지적하고 있다. 예컨대, 아스팔트화된 도시는 시골에 비해 온도가 평균 3-4도 더 높으며 시골보다 공기의 오염도가 열 배나 높다. 장 지오노에 의하면 해결 방안은 오직 한 가지뿐이다. 나무를 많이 심는 것이다. 다시 말해 녹화산업을 대대적으로 펼쳐야 한다.

둘째로 장 지오노의 강력한 지적인바, 산림 수목의 파괴는 이산화탄소의 증가로 오존층을 파괴시키며 지구온난화를 가속시키고 있다는 것이다. 다름 아닌 오존층 파괴와 지구온난화로 동식물이 멸종되어 가고 있으며 지구의 온도 상승으로 아열대 지역과 반건조지대의 식량 생산이 현격하게 줄어들고 있나. 예를 들이 섭씨 5도가 상승할 때 식량은 10퍼센트 이상이 감소되어 심각한 식량위기를 몰고 올 것이다. 또 북극의 빙하가 녹아내려 해수면이 높아지게 되어 낮은 지면은 침수되어 버릴 것이고 그 여파는 생태계의 여러 방면에 심각한 악영향을 초래할 것이다. 이 문제를 해결할 수 있는 방법은 오직 나무를 심는 길밖에 없다. 왜

냐하면 이산화탄소의 엄청난 증가는 자동차의 배기가스와 석유 등 화학연료의 사용으로 배출되는 가스의 증가에 근본적인 이유가 있기도 하지만, 더 근원적인 원인은 이산화탄소를 빨아들이고 산소를 내뿜어 주는 나무를 마구잡이로 베어 없애버렸기 때문이다. 그러므로 산소 생성의 원천이 되는 큰 삼림들을 반드시 되살려내야만 한다.

나무숲 1헥타르(3천 평 정도)는 성인 50명이 1년 동안 마실 수 있는 산소를 공급한다. 또 거대한 숲은 물을 빨아들여 저장하고 있는 거대한 강수 저장량의 '녹색댐'의 역할을 담당하고 있음을 잊어서는 안 된다.

궁극적으로 동식물을 보호하고 지구온난화와 오존층의 파괴를 중지시키며 나아가 오염된 대기의 정화를 위해서는 지구인 모두가 한마음으로 '지구재녹화운동'을 벌여나가야 한다. 이것은 선택의 과제가 아닌 필수의 의무인 것이다. 무엇보다 세계 모든 지역에 있어 숲이 파괴되는 것은 적극적으로 막아야 한다. 그뿐만 아니라 숲을 최대한 건강하고 풍요롭게 생산적인 상태로 키워나가야 한다. 예를 들어 '지구의 허파'라 일컬어지는 열대수목림이 지상에서 해마다 16만 평방킬로미터씩 벌채로 사라지고 있다. 예사로 넘길 일이 아니다. 긴급한 대책이 하루 빨리 강구되어야만 할 것이다.

■ ■ ■

한 그루의 나무를 심는다고 하는 것은 단순히 그 나무를 심는 행위를 넘어서서 오늘날의 물질문명의 위기와 타락 속에서, 또 걷잡을 수 없이 파괴되어 가는 생태환경을 바라보면서 우리의 영혼을 정화시켜 주고 새롭게 마음의 눈을 뜨게 해주는 한편의 숭고한 '사명(mission)'에도 비길 수 있다.

한 그루의 나무를 심는 마음은 우리로 하여금 환경파괴와 집단적 이기주의에 맞서게 하고 또한 우리에게 인간 삶의 정신적 가치와 행복을 지향하는 '정신주의'를 불어넣어 준다. '자연에 대립하는 인간(Man against nature)'이 아니라 '자연 속의 인간(Man in nature)'으로 탈바꿈시켜 주고 있는 것이다.

현재 내가 살고 있는 이 안산도 자연과 인간이 함께 호흡하는 그런 도시로 만들 수는 없을지….

문득 고개를 들어 푸른 창공을 바라보니 지금 내가 호흡하고 있는 이 숲의 공기가 울창한 나무를 심고 묵묵히 그 숲이 속삭이는 소리를 들어보라고 끊임없이 내게 이야기하는 듯하다.

열정을 갖고 세상을 품어라

그러니까 1980년대 초반 유럽에서 유학 생활을 할 때 있었던 일이다. 시내 중심의 오페라 극장 근처를 지나가는데 갑자기 사이렌이 울리기 시작했다. 나와 친구들은 너무나도 깜짝 놀랐다. 왠 사이렌이람···. 여기에도 한국처럼 무슨 '민방위 훈련'이라도 있는가? 우리는 전혀 영문을 몰랐고 어떻게 대처해야 하는지도 알지 못했다. 길가 사람들의 동정을 살피니 가던 걸음을 멈추고 서서 묵념의 자세를 취하는 듯했다. 이유도 모르고 그들을 따라서 동작을 취했고 그대로 자리에 멈춰 서서 상황이 종료되기를 기다렸다. 나중에 알게 된 까닭인즉 영국의 위대한 작가 애거서 크리스티의 죽음을 알리고 이를 애도하기 위한 존경의 표시로서 관공서 내지는 기타 기관에서 사이렌을 울렸던 것이다.

라신, 코르네유와 함께 프랑스 3대 근대 작가 중 하나로 추앙받는 보들레르는 근대 서정시의 기틀을 확립한 위대한 시인이며 극작가이기도 하다. 인간적 측면을 살펴본다면 반항적이고 방탕한 생활을 일삼아 국민들과 교회로부터 무덤이 파헤쳐지는 등 크나큰 지탄을 받기도 했지만 그의 날카로운 감성과 함께 그의 시혼(詩魂)은 너무나도 뛰어나 예술 분야에 있어 그야말로 탁월한 위대함을 드러내었고 후대에는 크나큰 추앙을 받게 되었다. 그는 연극 도중 무대에서 피를 흘리며 쓰러져 사망했다고 전해지며 그의 작품이 무대에서 시작되기 전에는 모든 관객들이 일어나 그에게 경의를 표한다. 한마디로 그는 오직 예술을 사랑했고, 예술과 함께 살다가 예술 속에서 죽어간 그런 인물이다.

■ ■ ■

작가나 예술인에게 있어서와 마찬가지로 방송연예인들 또한 그들이 갖추어야 할 필수 요건 중 하나로 '열정'을 빼놓을 수 없을 것이다.

바로 얼마 전 40여 년을 배우로서 마지막까지 영화와 드라마 연기에 투혼을 불살랐던 여운계 씨의 죽음은 그를 아는 모든 이들로 하여금 참으로 안타까움과 슬픔을 금치 못하게 하였다. 그는 신장암에 이은 폐암 투병의 사실조차 주위에 알리지 않았고 "연기는 내 운명이었다."라고 할 만큼 고통을 참아가며 온 몸과 마음을 연기에 투신하였다.

그는 국문학을 전공했지만 대학에서 과외 활동으로 연극을 하게 되면서부터 특별하게 연기에 대한 꿈을 기웠다. 그리고 전문 연기자의 길로 들어서서는 마지막 생명이 다할 때까지 최선의 투혼을 불살랐다.

절친했던 친구 연기자 전원주 씨에 의하면 "매니저도 없었던 고인은 몸이 아파 그렇게 힘들었음에도 불구하고 새벽에 손수 운전을 해 강화도 촬영장까지 오고갈 만큼 연기를 위해 온몸을 던졌다."고 한다.

열정의 삶을 살다 간 연예인으로서 아직도 우리의 머릿속에 잊히지 않고 기억되는 가수 겸 방송 진행자, 길은정 씨가 있다. 그녀는 죽기 전날까지 암과 싸우며 생명을 바쳐 방송을 진행하였다. 이 사실이 밝혀지며 많은 이들의 눈시울을 촉촉이 젖게 했다.

숨지기 하루 전까지 「길은정의 노래 하나, 추억 둘」의 진행을 강행하며 '마지막 생명의 불꽃'을 불태웠다. 그가 방송국 본부장에게 "죽는 순간까지 마이크를 잡는 것이 마지막 소망"이라고 했던 그 약속이 결국은 지켜진 셈이다. 방송국에서도 "죽음이 언제 어떻게 닥칠지 모르지만 최대한 지원을 아끼지 않겠다."고 약속하였다. 이후 길은정 씨는 매일 두 시간씩 진행해야 하는 방송에 열정과 혼을 쏟아 부었다. 방송국까지의 통근은 언니가 맡았다. 방송시간 4–5시간 전에는 진통제도 맞지 않았다고 한다. 왜냐하면 발음이 더듬거려지고 부정확해지며 졸음이 올 수 있기 때문이었다.

죽기 바로 전날 이런 증상이 현저하게 눈에 띄었다. 길은정 씨는 시청자들의 사연을 소개하면서 가쁜 숨을 몰아쉬었고 생방송에서 발음을 흩날리기도 하였다. 방송 후, 동행한 언니에게 "글씨가 두 겹, 세 겹으로 겹쳐 보였어!"라고 했을 때 언니는 당장 내일부터 방송을 그만둘 것을 강력히 권고하였다. "아니, 내일까지만 할게." 하고 고집했던 길 씨는 끝내 다음 날 방송국에 나타나지 않았다.

그녀는 담당 PD가 자신을 대신하여 진행하는 방송을 들으며 자택에서 죽음을 맞았다. 죽음 직후 그녀의 팬 사이트에는 2천여 명에 달하는 추모객들의 글이 폭주하였다.

"당신의 예쁜 미소를 오래오래 간직하겠습니다!"

"마지막 방송에서도 잃지 않았던 당신의 웃음을 영원히 기억할게요!"

184

이와 같은 추모글들이 그의 마지막 가는 길을 따뜻이 애도하여 주었다. 이처럼 열정과 의리가 함께하는 방송은 그토록 아름다울 수밖에 없었고, 많은 이들에게 깊은 감동을 심어주었다.

■ ■ ■

얼마 전 모 일간지에 실린 탤런트 이순재 씨의 인터뷰 내용 중 다음과 같은 말이 눈길을 끌었다.

"맡겨진 역할을 훌륭히 표현해 내기 위해서는 끊임없이 노력해야 합니다. 배우는 지성을 갖추기 위해서 항상 공부해야 합니다."

이순재 씨의 이런 언급이 시사하는바, 연예인들이라면 누구나 겉으로 보이는 외모나 한시적 인기에 연연하지 말고 자기 발전과 계발을 위해 더욱이 공인으로서 시청자들에게 더 새롭고 신선한 즐거움을 주기 위해 끊임없이 노력하고 공부하라는 뜻이다.

다시 말해 자기에게 주어진 과제와 일에 대한 준비 없이, 또 연구 없이 그날그날 즉흥적으로 방송에 뛰어드는 연예인들이 꼭 귀담아 들어야 할 필수적 내용이 아닐 수 없다. 고객을 위한 주인의 입장에서처럼 연예인들의 경우 고객인 시청자들에게 더 유익하고 더 즐거운 방송을 만들어주기 위해 최선의 노력을 다해야 함은 당연한 일이다.

이순재 씨는 1998년부터 올해끼지 11년째 세종대 연극영화과에서 연기수업을 가르치고 있으며 지금도 연극에 매진하고 있다.

그가 술회하는바, 학생 강의를 준비하다 보면 이것저것 희곡, 번역, 문헌 등을 찾아보게 되며 그동안 소홀하고 부족했던 것을 돌아다보지 않을 수 없게 되며, 또 이를 통하여 한 차원 더 높은 문학적 깊이, 배우로서의 역량을 닦아나가게 된다고 말하였다.

이순재 씨야말로 진정한 프로이다. 팔순을 눈앞에 둔 나이에도 그의 열정은 식을 줄 모른다. 그의 끝없는 탐색의 정신과 젊은이들을 깨우치는 그의 삶의 행진은 우리에게 아름다운 신념을 심어주고 있는 것이다.

■ ■ ■

보편적으로 배우, 연예인, 전문 방송진행자, 그리고 예술인들을 통틀어 그들은 우리에게 인생의 희로애락을 선사하고 있으며 한 걸음 더 나아가 우리에게 삶의 다양한 모습들을 재현시켜 주고 있다. 그러기에 이들은 우리에게 꼭 필요한 사람임과 동시에 소중한 사람들이다. 우리는 그들의 표현에 따라 웃기도 하고, 울기도 하고, 기뻐하기도 하고, 슬퍼하기도 하며, 때로는 분노하기도 하고, 또 용서하기도 한다. 그들의 혼신을 다하는 모습과 최선의 열정, 그리고 끊임없이 연구하고 공부하는 자세는 우리의 삶을 더욱 풍요롭게, 더욱 의미 있게 만들어준다.

연예인의 인기와 존경은 하루아침에 거저 얻어질 수 있는 것이 아니다. 부단히 노력하고, 부단히 연구하며, 또 부단히 생각하면서 각자에게 주어진 '탤런트'를 녹슬지 않게 끊임없이 닦아나갈 때 주어지는 '귀한 선물'인 것이다.

위의 작가나 연예인들에게 있어 어떤 목표를 향해 불굴의 투지로 역경을 이겨내고 포기하지 않는 근성을 갖고 끝까지 인내할 줄 아는 용기와 열정은 우리에게 중요한 메시지를 시사해 주고 있다. 곧, 우리에게 주어진 삶을 어떻게 극복할 수 있으며, 또 어떤 삶이 인간다운 가치 있는 삶인가를 일깨워주고 있는 것이다. 나아가 이 메시지를 기쁘게 받아들이고 실천할 때 우리 역시 더 큰 세상을 품에 안을 수 있고 더욱 다양하고 깊이 있는 삶을 맛볼 수 있다. 그리고 더욱 큰 꿈을 현실로 만들 수 있을 것이다.

노벨문학상 수상자였던 헤밍웨이는 『노인과 바다』에서 다음과 같은 명언을 남겼다.

"인간은 파괴될 수 있을지 모르나, 그러나 패배하지는 않는다."

이 말은 인간의 육체가 갖고 있는 한시적이며 나약한 생명은 쉽게 끝날 수 있을지 모르나 인간의 영혼과 의지, 그리고 그의 상상력과 생명력은 어떤 상황에서도 죽지 않고 살아 움직이고 있다는 뜻이다.

치열한 삶의 무대 밖에서 안주하는 구경꾼의 자리보다는 비록 고통을 수반한다 하더라도 무대의 주연으로서 삶의 소용돌이 속으로 직접 뛰어들어 섬광 속에서 찬란히 타오르는 열정의 불꽃과 신앙을 가져보면 어떨지….

대합실에서 과자를 파는 소녀

한 대학신문에 연재된 기사의 내용은 오늘 아침 문득 오래전에 잊힌 과거의 추억 하나를 살며시 떠오르게 하였다.

그 기사의 내용은 "○○대학 교수님들이 학생들에게 바라는 능력과 기대는 과연 어떤 것인가?"라는 학생들의 질문에 교수가 대답하는 형식으로 쓴 글이었다.

12개 단과대학의 학생부 학장의 면접 내용과 200여 명 교수들로부터 받은 설문조사의 결과는 다음과 같은 것이었다. 결론부터 먼저 이야기하자면 대학교육을 통해 학장들과 교수들이 학생들에게 거는 기대와 바람은 전공 분야에 대한 지식이나 학습 능력의 탁월함, 그리고 창의성 등을 강조하기보다 공동체 의식의 고취와 타인을 배려하는 마음, 그리고 원만한 대인관계의 능력 등이 우선적으로 배양되었으면 좋겠다고 하는 것이었다.

학생들이 나중에 공부를 끝내고 사회로 진출했을 때 그들의 미래를 위해서도 대부분의 교수들이 염려하고 또 걱정하고 있는 항목들은 '절대적으로 공동체 의식과 도덕적 배려'가 무엇보다 필요하다는 것이었고, 나아가 그런 요망 사항들이 다른 그 어떤 것보다 '절대적으로 더 강조되어야 하며 더 발전되어야 한다'는 사실이었다.

■ ■ ■

학부 때 여름방학 한가운데 몇몇 친구들과 함께 대성리로 야유회를 간 적이 있었다. 청량리 대합실에서 친구들이 모두 모이기로 약속하고 미리 도착해 기다리고 있던 중 한 가지 특별한 장면을 목격하게 되었다.

한 어린 여자 아이가 과자 봉지 몇 개를 손에 들고 대합실의 사람들에게 다가가 하나씩 내밀고 있었다. 아마도 그 아이는 가정형편이 어려워 그런 방법으로 생계를 이어가고 있는 것이 틀림없었다. 참 이상하게도 사람들은 싸늘하게 외면을 하며 아무도 그 과자를 사주지 않았다. 그럼에도 그 아이는 대합실 여기저기를 옮겨 다니며 사람들 앞에서 과자를 계속 내밀었다. 그런데 한쪽 구석의 대학생인 듯 보이는 차림의 한 젊은이가 그 아이에게 손짓을 하며 오라고 하더니 그 아이의 과자를 모두 선뜻 받아들었다. 그리고 주머니에서 몇 장의 지폐를 꺼내 세어보지도 않고 그 소녀의 손에 쥐어 주었다.

■ ■ ■

우리는 수없이 귀에 못이 박히도록 '남을 배려할 줄 알아야 한다',

'양보할 줄 알아야 한다', 또 '상대방을 먼저 생각해야 한다'는 등의 이야기를 들어왔다. 그리고 무슨 일이든지 타인의 관점에서 보고, 생각하고, 그리고 존중해야 함을 늘 교육받아 왔다.

그럼에도 불구하고 왜 이런 규범들은 잘 실천되지 않고 사회는 오히려 더 무섭고 험악하게 변하고 있는 것일까? 그것은 아마 성공만을 목표로 한 지적 능력의 중시와 함께 경쟁사회의 풍토 속에서 살아남고자 하는 현대인의 자기중심적 사고방식과 이기주의의 팽배, 그리고 물질숭상주의의 영향 때문일 것이다. 이를 개선해 나가기 위해서는 사회 속에서 학교에서 배우는 전공 지식, 학습 능력, 그리고 창의성 등이 필요 없거나 거부되어야 한다는 의미가 아니라 이런 모든 능력들이 배려와 양보의 바탕 안에서 타인과 함께 상호 협력적으로 공존해 나가야 한다. 그럴 때 더욱 큰 빛을 발할 수 있고, 결과적으로 우리의 사회는 좀 더 바람직한 방향으로 뻗어나갈 수 있다.

어느 여름날 내가 목격했던 나의 기억 속의 그 젊은 대학생의 행동은 어찌 보면 그저 약자를 좀 돌보아준 작은 배려에 지나지 않는다고 생각될지 모른다. 그러나 이따금 살포시 떠오르곤 하는 그 행위는 그 어떤 학문적 자질보다도 이 사회가 더욱 절실히 요구하는 매우 '귀한 능력'은 아니었을까? 그가 내게 마치 묻고 있는 듯하다. '당신이 그 입장에 있었다면 어떻게 했겠는가?'라고….

눈을 떴을 때, 오늘 단 한 사람에게도 좋으니 그가 기뻐할 만한 일을 할 수 없을까 생
각하는 것은 무엇보다 좋은 일이다.

— 니체

꿈★은 이루어졌다[5]

2009년 3월 9일 새벽 텔레비전을 통해 가무잡잡한 피부에 키도 그렇게 크지 않은 한 동양인이 활짝 웃는 얼굴로 18번 마지막 홀 주변을 펄쩍펄쩍 뛰어다니며 갤러리들과 손바닥을 부딪히는 장면이 방영되었다. 그것은 그야말로 흥분의 도가니를 만들기에 부족함이 없었다. 그리고 뉴스 때마다 방영하는 마지막 우승 퍼팅의 장면은 보고 또 봐도 감탄이 절로 나오는 감동적인 명장면의 순간이기도 했다.

한국 선수로서 대한민국 역사상 두번째로 미국 PGA(Professional Golf Association) 투어 혼다 클래식을 제패한 '야생마' 양용은의 우

---

5 이 글은 양용은 프로가 지난 2009년 8월 22일 4대 메이저대회 중 하나인 'PGA 챔피언십' 대회에 우승하기 이전에 쓴 것임을 밝혀둔다.

승은 월요일 아침 보도된 낭보 중 낭보였다. 그리고 그 다음 날 모든 일간신문은 양용은의 PGA 우승을 축하해 주었다.

18번 그린 위에 볼을 떨어뜨려 놓고 우승 퍼팅만을 남겨놓은 그 순간을 회고하는 양용은의 인터뷰는 참으로 되새겨볼 만한 것이었다.

"마지막 남은 네 개의 홀은 지금까지 살아온 내 골프 인생보다 더 길었습니다. 그 거리는 제가 살아온 제 인생의 길이만큼 아득하게 느껴졌어요. 속으로 외쳤지요. '나 자신을 믿어야 한다' 또 '나는 할 수 있어!'라고 수없이 되뇌며 볼과 홀 사이를 왔다 갔다 했습니다."

여기에서 '나 자신을 믿어야 한다'는 말은 최경주가 지난해 11월 팜스프링스에 있는 양용은을 찾아가 오직 꿈을 성취하고자 몸부림치는 그를 위로하며 용기를 북돋아준 '격려'의 말이기도 하였다.

양용은은 우승 전까지만 해도 세계 랭킹 460위, 즉 꼴찌에 해당하는 순위였고 Q스쿨을 전전하며 대기자 명단에만 이름이 올라 있던, 기약 없이 호출만을 기다리는 대기 선수였었다. 2008년 1월 PGA 하와이 오픈 때에는 하와이 현지까지 날아가 체재비 2,500달러를 지불해 가며 결원 소식을 기다렸지만 빈자리가 나지 않아 짐을 다시 꾸려야 하는 수모를 겪기도 하였다. 규정에 따른 시합 일주일 전의 결원 통보를 받지 못하였기 때문이다. 그리고 혼다 클래식 역시 대기 선수로 출전하였고, 이 대회에서 전혀 예상 밖의 크리스털 우승컵을 거머쥐게 된 것은 그야말로 획기적인 사건이 아닐 수 없었다.

세계 랭킹 460위에 해당하는 양용은은 우승 전까지는 아무도 몰랐던 무명의 선수였었다.

그가 세인의 관심과 눈길을 집중시키게 된 것은 그가 우승을 쟁취하고 난 후부터였고 나아가 그의 과거의 삶 속에 숨겨 있던 그의 남모를 고난과 불굴의 정신이 점차 드러나면서부터였다. 이 같은 극복의 과정은 그를 더욱 돋보이게 만들었다.

그는 고3 때 골프 연습장에서 골프공도 줍고 허드렛일도 하면서 처음으로 골프와 인연을 맺게 되었고, 이것이 계기가 되어 전문적으로 골프에 열중하게 되었다.

그는 자신을 '골프 검정고시생'이라고 칭한 바 있다. 이 말은 체계적으로 자격증이 있는 프로를 코치로 두고 합리적인 교육을 받은 것이 아니라 거의 이 사람 저 사람 이런저런 자문을 받아가며 독학으로 골프를 배웠다는 뜻이다.

그의 골프에 대한 열정은 이루 말로 표현하지 못할 만큼 대단한 것이었다. 훈련비 마련을 위해 나이트클럽 웨이터 생활도 마다하지 않았고, 단기사병 군생활을 하면서도 밤마다 연습에 열중하였다. 제대 후에는 오락 골프장에 취직해 낮에는 골프장 일을 하고 밤에도 역시 골프 연습에 몰두하였다. 그러기를 5년여 세월, 드디어 1996년 만 24세의 늦은 나이에 한국 프로 테스트에 합격하여 프로 무대에 데뷔하게 되었다.

지난날을 더듬어보며 "포기하지 않고 꿈을 쫓아가면 꼭 좋은 날이 올 것이라는 믿음 하나로 골프를 붙잡고 늘어졌다."라고 한 말은 그가 얼마나 골프에 집중하고 빠져들었는가를 입증한다.

프로 선수가 되었음에도 그의 생활은 그 이전에 비해 별로 나아진 것이 없었다. 오죽했으면 "차라리 구두닦이를 하는 것이 상금 랭킹 9위보다도 더 벌겠다."고 했을까! 당시 경기도 기흥의 월세 15만 원 지하 단칸방의 삶이 이를 증명해 준다.

양용은은 2002년 미련 없이 한국 무대를 접고 일본으로 진출, 2승을 따냈다. 그 뒤 중국 상하이에서 열린 유럽 투어 'HSBS 챔피언스' 대회에서는 7연승을 노리던 세계 랭킹 1위 타이거 우즈를 꺾고 우승컵을 안으며 세계 무대를 향한 발돋움을 시작했던 것이다.

양용은은 최경주와 닮은 점들이 너무나도 많다. 출생지가 섬이라는 것부터 똑같다. 양용은이 웃으며 "그래도 제가 좀 더 큰 섬에서 태어났어요."라고 얘기하는 것처럼 양용은은 제주도, 최경주는 전남 완도가 고향이다. 자녀도 똑같이 세 명이고 일본 프로 투어 제패 이후 미국 PGA로 진출한 것도 똑같고, 미국 진출 첫해와 그 이듬해까지 시드를 확보하지 못해 소위 '지옥의 레이스'라고 불리는 Q스쿨로 다시 되돌아간 점도 똑같으며, 다시 시합으로 돌아와 PGA 우승을 쟁취한 점도 똑같다. 또 매우 어려운 가정형편 속에서 프로 골퍼의 꿈을 키워왔다는 것도 똑같다. 예를 들면 최경주의 경우 1993년 국내 프로 테스트 때 자기 소유의 변변한 골프채 하나 없어 남의 것을 잠깐 빌려 시험에 응시한 것이 후일 두고두고 화제가 되기도 하였다.

돈 많은 부모 밑에서 호강하며 골프를 배운 학생들과 비교할 때 양용은의 골프 입문의 과정은 시련과 혹독함 그 자체였다. 온실에서 곱게 자란 꽃들보다 들판에서 비바람을 견디어낸 야생화가 더 아름답고 향기가 짙다고 하지 않던가! 이러한 시련들은 그에겐 오히려 불굴의 의지와 투지를 불태우게 만든 용광로가 되게 하였다.

양용은의 성공은 어떤 어려움과 역경 속에서도 결코 좌절하거나 낙담하지 않고 열정과 도전정신으로 오직 한길만을 바라보며 미래의 목표를 향해 꾸준히 노력해 나갔기에 가능한 것이었다.

시합에 있어 늘 우승하거나 성공할 수는 없다. 인생에 있어서도 마찬가지다. 그러나 어떤 일에 있어서든지 인내와 용기를 갖고 꾸준히 최선의 노력을 다함은 무엇보다 중요하다. 그 자체로도 의미가 있는 것이다.

세상에 고난과 시련의 바람을 겪지 않고 무럭무럭 튼튼하게 잘 자라는 꽃은 없다. 마찬가지로 성공을 성취하기 위해서도 숱한 고통과 좌절, 그리고 인내와 역경의 과정을 꼭 극복해 나가야 하는 것이다.

PGA 투어닷컴 홈페이지가 전한 양용은의 우승 제목은 다름 아닌 "꿈★은 이루어졌다(Dream realized)"였다. 우승 인터뷰에서 그가 함께 전한 "그동안 함께 고생한 가족들에게 사랑한다는 말을 하고 싶다!"는 감회의 언급은 그의 골프의 여정과 성공을 한 줄로 함축한 또 다른 의미의 표현은 아니었는지….

별을 바라다보는 눈으로

어둠이 다가올 때 어둠 한가운데 서서 한참을 기다리다 보면 주위가 어느새 어슴푸레 보인다. 빛이 삭아들고 있다는 증거이다. 이 캄캄함 속에서 나와 내 주변을 벗어나려고만 발버둥칠 것이 아니라 한 줄기 빛을 염원하며 인내할 수 있어야 한다. 그럴 때 새벽이 내 창 앞에 와 있게 됨을 알게 되리라. 또 나의 사랑하는 사람들과 소중한 시간들이 내 안에서 서서히 살아나며 나에게 손짓하며 다가오리라. 세상 모든 것들이 마음의 눈을 어떻게 갖느냐에 따라 달리 보일 수 있기 때문이다.

하루하루의 일상 안에서 또 소소한 생활의 구석구석 안에 절망과 고달픔, 그리고 무료함이 큰 무게로 덮쳐올 때 마음의 한가운데 서서 여행을 떠나봄은 어떻겠는가. 출발점은 '지금(nunc, now)' 그리고 '여기(hic, here)'이고 도착점도 '지금' 그리고 '여기'가 될 것이다. 그리고 그런 가운데 우리가 새로운 눈으로 자신과 주변들을 돌아보게 됨은 큰 은혜로움이 아니겠는가!

『그리스도인의 비전』이란 책의 앞부분에 다음과 같은 내용이 소개되고 있다.

　　"유리컵에 물이 반 정도 차 있는 것을 바라보고 있는 두 사람의 생각은 전혀 달랐다. 한 사람은 '물이 반밖에 없잖아!' 하며 부정적이며 절망적인 생각을 하였고, 다른 한 사람은 '물이 아직 반씩이나 남아 있군!' 하며 긍정적이며 희망적인 사고를 하였다."

　두 상황을 비교할 때 긍정적이며 희망을 포기하지 않은 사람은 용기를 얻게 되며 그 용기의 덕분으로 어려움을 극복해 나갈 수 있다. 그리고 삶을 자기의 것으로 만들어나간다. 반면에 희망을 포기하게 되는 사람은 시련이 올 때 좌절한다. 또한 낙담하게 되어 삶을 황폐한 것으로 만들어버리고 만다.

■ ■ ■

　다음은 미국의 여류작가 델마 톰슨에 관한 이야기이다. 그녀는 문단에 데뷔하기 직전 군인이었던 남편을 따라 캘리포니아의 모하비 사막의 한 훈련장에서 생활한 적이 있었다.

　훈련장에서 그녀가 매일 만나게 되는 것은 섭씨 45도를 오르내리는 살인적 더위와 세찬 모래바람뿐이었고 그녀가 할 수 있는 일이란 오직 온종일 남편을 기다리며 가정을 돌보는 것이 전부였다. 게다가 시도 때도 없이 불어오는 모래바람 때문에 입 안으로 모래알이 날아 들어오는 것은 예사였고, 정성스럽게 만든 음식조차도 높은 온도에 상해서 못 먹게 되거나 버리기가 일쑤였다.

델마는 이제껏 살아오면서 전혀 경험하지 못한 사막에서의 생활에 대해 아버지에게 다음과 같은 편지를 썼다.

"아버지! 더 이상은 견딜 수가 없어요. 차라리 감옥에 가 있는 편이 더 낫겠어요. 지금 당장 집으로 돌아갔으면 좋겠어요!"

이에 대한 아버지의 답장은 의외로 단순하고 간결하였다.

"사랑하는 내 딸 델마야! 감옥에 두 사람의 죄수가 함께 지내고 있었단다. 그런데 두 사람은 창살 밖을 내다보고 있었지. 한 사람은 창살 밖의 진흙을 보고 있었고, 다른 한 사람은 고개를 들어 반짝이는 하늘의 별들을 바라다보고 있었단다. … "

이 편지는 신기하게도 순식간 그녀에게 어떤 깨달음을 줌과 동시에 그녀를 180도 변화시켜 버렸다. 절망과 실의의 삶을 희망과 기쁨의 삶으로 바꾸어놓았던 것이다. 그야말로 코페르니쿠스적 전환이 아닐 수 없었다. 주위가 변한 것은 사실 아무것도 없었다. 그녀의 마음이 변하였고 정신이 바뀌었고, 그리고 그녀의 행동이 바뀌었던 것이다.

이때부터 그녀는 적극적인 활동으로 돌입하였다. 원주민들의 물건에 관심을 보이며 먼저 손을 내밀기 시작했고, 그들의 친구가 되기를 자청하였다. 그리고 사막으로 나아가 선인장, 유카 식물 등 사막의 식물들을 직접 관찰하면서 탐구에 몰입하였다. 그러면서 더욱 큰 애정과 매력을 느끼며 빠져들었다. 또한 저녁 무렵 빨갛게 하늘에 놀이 지는 광경을 바라보며 감동에 젖기도 하였다. 그런 삭막한 사막 속에 그토록 아름다운 자연의 신비가 감추어져 있음에 놀라워하였다. 마침내 이 새로운 세계에 대한 발견과 기쁨의 기록들이 책으로 꾸며지게 되었다. 책 서두에서 그녀는 이렇게 말하고 있었다.

"무엇이 나를 이렇게 변화시켜 놓았는가? 모하비 사막은 전혀 변한 것이 없다. 내가 변한 것이다. 나의 마음 자세가 변하였다. 그래서 비참했던 경험들이 내 인생의 가장 흥미 있는 삶으로 변화될 수 있었다."[6]

∎ ∎ ∎

우리 모두 각자의 마음을 깊이 들여다보자. 그리고 나의 주변을 둘러보자. 그리고 그 속에서 우리에게 요구되는 선택과 결단의 순간순간에 어둠이 아니라 '빛'을 보며 땅이 아니라 '하늘의 별'을 바라보며 앞으로 나아가자!

나의 삶은, 우리의 삶은 분명히 희망이 있음을 확신하고, 그것을 찾아 나서보자. 산들을 덮고 있는 저 순백의 눈처럼, 세찬 바람에도 꼿꼿이 서 있는 저 나무들같이, 얼음 빙판을 뒹굴며 뛰노는 저 아이들의 웃음마냥, 주름진 할머니의 눈빛 속 말없는 눈물도 담아내 줄 수 있는, 그런 진실로 아름다운 희망 가득한 세상!

이것을 향해 한 걸음씩 나아가는 우리들의 몸짓이 있는 한 우리는 정말 우리에게 소중한 가치 있는 삶을 가꾸어나갈 수 있을 것이다.

어디선가 누군가 속삭인다.

"그런 세상은, 우리들 세상은 참 아름답지요?"

---

6 좋은 사람들, 『좋은 생각』 중 「별을 찾아라」의 내용을 정리·발췌한 것임.

바람과 파도는 언제나 유능한 뱃사람의 편이다.

— 에드워드 기번

철학은 빵을 굽지 않는다

지은이   홍승식

1판 1쇄 인쇄   2010년 11월 15일
1판 1쇄 발행   2010년 11월 20일

발행처   철학과현실사
발행인   전춘호

등록번호   제1-583호
등록일자   1987년 12월 15일

서울특별시 종로구 동숭동 1-45
전화번호 579-5908
팩시밀리 572-2830

ISBN 978-89-7775-736-3 03100
값 10,000원